영어회화로 시작하는
포인트
영문법

KB073796

예스북

여러분 안녕하세요?

영문법을 공부하시는 여러분들의 길잡이가 되었으면 하는 바램으로 이 책을 펴게 되었습니다. 이미 수 차례 배우고 학습한 바가 있는 영문법을 다시 해 보자고 권하기가 참으로 안타깝다는 심정으로 이 책을 쓰기 시작하였습니다. 여러분들도 익히 알고 있듯이 옛말에 사상누각이라는 말이 있습니다. 영문법에 대한 기초가 부실해서 그 위에 아무리 쌓고 쌓아도 허사가 되고 마는 경우가 있는데, 그러한 분들의 마음을 조금이라도 헤아리어 위로가 될 수 있는 책이 되고 싶었습니다.

현재 우리는 영어가 모든 시험과 관문의 척도인 사회에 살고 있습니다. 국내외 대학에 입학하기 위해서, 취직하기 위해서 또는 승진하기 위해서 우리는 끊임없이 영어를 손에서 놓을 수 없는 필수 불가결한 상황에 처해 있습니다. 어떤 식으로든 자신이 도전하고 있는 목표를 성취하기 위해서는 우리의 두뇌에 영어라는 언어 회로를 제대로 깔아야 합니다.

사실 우리는 영어회화든, 단어든, 숙어든, 토익이든, 토플이든, 텝스든 그리고 영문법이든 오랫동안 영어를 접해 왔습니다. 또한 영어에 대한 전반적인 지식이나 실력을 쌓기 위해 부단한 노력을 해 왔습니다. 그럼에도 영어는 늘 속이 시원하게 풀리지 않는 미궁의 숙제 같기만 합니다.

원래 모든 언어의 문법은 문장을 만들어 내는 능력을 신장하기 위한 밑거름입니다. 그래서 문법 공부는 언어의 4대 영역인 회화, 영작, 청취, 독해에서 필수사항인 것이지요. 더구나 모국어가 아닌 다른 언어의 체계를 익힌다는 것은 쉬운 일이 아닙니다. 하지만 무엇이든 원칙과 원리라는 것이 있습니다. 영문법을 알기 위해서는 영문법의 원리와 구조를 알아야 합니다. 어느 언어를 공부하든 그 언어의 기본 구조를 이해하지 못한 채 좋은 결과를 낳기는 어렵습니다. 영어 시험에서 고득점을 받는 방법, 회화를 유창하게 잘 하는 방법, 작문을 논리적으로 잘 쓰는 방법 등을 논의하기 전에 우리는 두뇌에 영어회로를 제대로 깔아 줘야 합니다. 이의 초석이 바로 영어라는 언어의 기본 구조와 골격을 세우는 것이라고 생각합니다.

이 책의 궁극적인 목표는 바로 여러분의 두뇌에 영어회로로 작용하는 핵심적인 기본 문법을 익히게 하는 것입니다. 본 책은 문법의 용어나 구조를 일상 생활에서 쓰는 영어회화로 시작하게 하여 문법을 회화로 연결시키는 유기적인 구조를 지니고 있습니다. 기존 문법서 들의 딱딱한 이미지를 탈피하고자 문법의 모든 예문을 문어적인 표현이 아닌 일상어의 문장으로 만들었으며, 문장의 구조를 세세히 풀어 설명하여 바로 이해하기 쉽도록 구성하였습니다. 또한 문법의 개념을 이해하는 것이 중요하므로 어려운 단어나 복잡한 문장은 피하고자 했습니다.

물론 지금까지의 기억을 되살려 보건대, 문법 공부하면서 재미있었던 적이 그다지 많지 않았을 겁니다. 아무리 스승이 훌륭하고, 아무리 책이 뛰어나도 결국은 자신과의 싸움에서 이겨내야 한다는 것, 세상에 그 무엇 하나 거저 얻을 수 있는 것은 없다는 것을 굳이 언급하지 않아도 문법 공부는 그리 신나는 일은 아니죠. 하지만 그 동안 그토록 애 먹었던 영문법을 새로운 각오로 도전하다 보면 나도 이제 영문법 좀 제법 확실하게 알게 되었다는 기쁨 또한 엄청난 결실 아닐까요? 처음에는 도중에 포기하지 않고 끝까지 독파하겠다는 결심으로, 그리고 또 한번은 재미있는 책을 읽는다는 기분으로 재독하여 적어도 두 번 이상의 책거리를 하시기 바랍니다.

저자 김 복 리

1. 딱딱한 문법을 영어회화로 시작한다.

Speaking을 잘 하려면 먼저 문법을 알아야 한다.

원활한 의사소통을 하기 위해서는 문법적 능력이 우선해야 한다. 학교에서 오랫동안 영어를 공부하였으나 영어회화를 제대로 못하는 것은 문법위주로 공부해서가 아니다. 문법만을 지나치게 공부하고 실용적인 영어를 소홀히 한 까닭이다. 모국어가 아닌 다른 언어를 공부하고자 하는데 그 언어의 기본적인 체계와 구조를 모르고서야 입에서 말이 술술 나오기는 어려운 일일 것이다. 의사소통을 제대로 하기 위해서는 단어만을 알아서도 안되고, 문법만을 알아서도 안 된다. 더구나 일상적인 표현 몇 마디 아는 것도 한계가 있기 마련이다. 본 책에서는 기본적인 문법의 구조를 익히게 하되 이를 일상생활에서 활용할 수 있는 회화패턴으로 연결될 수 있도록 구성하였다.

2. 문장의 구조를 풀어서 설명한다.

Reading이나 writing을 잘 하려면 먼저 문장의 구조를 알아야 한다.

Reading을 할 때 접하게 되는 곤혹스런 문제점 중의 하나가 어휘를 모두 아는데 글의 내용을 제대로 파악하지 못하는 경우이다. 물론 어휘에 대한 정확한 의미를 문맥에서 찾지 못하는 데에서 기인하는 문제일 수도 있다. 하지만 보다 근본적인 문제는 문장의 어느 부분에서 끊어 읽고 해석해야 할지, 어느 부분까지 구에 해당하고, 어느 부분까지 절에 해당하는지를 몰라서 당황하는 경우도 흔히 볼 수 있다. 나아가 문장의 형태와 기능이 무엇인지, 문장의 구조와 구성성분이 무엇인지 등 문법적인 기본 능력이 부족할 경우 독해력은 현저히 떨어지게 된다. 소위 독해보다 훨씬 더 종합적인 영어 능력을 묻는 작문 역시 문법을 체계적으로 익힌 상태에서 가능한 영역이다. 따라서 독해든 작문이든 영어를 잘 하기 위해서는 문장의 구조를 잘 파악하여 문법을 제대로 알아야 한다.

3. 까다로운 문법을 쉬운 예문으로 익힌다.

용어에 대한 기본적인 정의와 문법의 개념을 알아야 한다.

영어 문법의 세부적인 항목들을 기억하게 하기 보다는 기본적인 용어와 문법의 개념을 이해하고 이를 실제 예문으로 확인하는 과정에서 문법을 익히도록 하였다. 문법이 까다롭고 어렵게 느껴지는 이유는 문법용어에서도 기인한다. 본 책에서는 문법의 새 장을 열 때마다 영어회화에 문법 용어 및 문법에 대한 기본적인 개념을 담아 설명하였다. 문법적인 개념을 설명한 다음에는 반드시 실생활의 영어회화에 도움이 될 만한 쉬운 예문을 들고자 하였다.

4. One more step!으로 심층 학습을 한다.

One more step!에서는 학습을 하면서 학습자가 제기할 만한 의문점이나 궁금한 사항들, 또는 관련 문법에서 한층 더 나아가 보다 심층적인 학습을 하고자 하는 참고 사항들을 부연하였다. 혼동하기 쉬운 문법 용어나 관련 문법들 간의 차이점, 단어들의 용례와 차이점 등을 정리한 부분으로, 처음 학습하면서 부담이 된다면 나중에 재독할 경우에 살펴볼 수 있다. One more step!을 잘 활용하면 영어 문법에 대한 폭이 깊어지고 일부 문법을 한눈에 들여다 볼 수 있는 안목이 생기는 부분이기도 하다.

5. Exercise로 반드시 학습을 마무리한다.

각 장에서 배운 내용을 확인하는 Exercise부분은 학습을 어느 정도 습득했는지를 가늠할 수 있는 마무리 단계이다. 앞에서 공부한 문법을 포괄적으로 정리하는 과정에서 이미 두뇌에 자리잡은 영어회로를 보다 두텁게 만들 수 있는 부분으로 삼아야 할 것이다.

문법을 실속있게 공부하는 방법

우선 왜 꼭 영문법을 공부해야 하는지 그 목표와 동기를 따져본다.

영어는 우리의 일상생활과 불가분의 관계에 있으며, 사회의 각양 각층에서 영어를 요구하고 있다. 적어도 21세기 중반까지는 세계 기축언어가 영어일 것이라는 여러 미래 학자의 말을 인용하지 않더라도 우리는 영어에 대한 요구가 갈수록 더욱 더 치열한 시대에 살고 있다. 이런 저런 학습서들을 구입해 보고, 여기 저기 학원을 수강해보고, 나름대로 최선을 다했으나 영어실력이 도무지 나아지지 않는다면 한번쯤 방향을 바꾸어 봐야 하지 않겠는가! 무엇보다도 영어를 잘 하려면 기본적으로 영어의 법칙과 원리를 잘 알아야 한다. 단어 하나를 더 외우는 것보다 영어의 뼈대와 골격을 먼저 탄탄하게 갖추는 일이 시급한 상황임을 인식해야 한다.

자신의 수준에 맞는 문법 기본서를 선택하여 여러 번 반복한다.

자신의 수준보다 훨씬 어려운 책을 선택하여 학습의 부담을 갖는 일은 금물이다. 비록 다른 학습자에게 적합한 책일지라도 자신에게는 적합하지 않을 수도 있다. 어느 문법서든 자신의 실력을 최대한 신장시키는 데 크게 기여할 수 있는 문법서가 있기 마련이다. 단순히 문법 이론을 반복하는 책 보다 문법 구조를 담고 있는 회화패턴을 실생활에 활용할 수 있는 기본서를 찾아 본다. 문법 이론에는 능하나 영어회화 몇 마디 못하는 우를 범하지 않도록 한다.

문법을 학습적으로만 받아들이지 말고 실용적으로 받아 들인다.

학습적으로 해야 하는 공부는 쉬이 지겨워질 수도 있다. 단지 문법을 공부한다는 생각보다 자신의 삶에 필수적인 양식을 배운다는 생각을 해 보도록 한다. 여가 활동이나 취미 생활을 배우는 것처럼 문법의 실용적인 기능을 배운다는 기분을 갖는다. 또는 말을 잘 하게 하는 기술, 글을 잘 쓰게 하는 기술을 배운다고 생각하면 학습적인 부담에서 벗어날 수도 있다.

모든 언어에는 문법의 규칙이 있다. 문법 규칙의 큰 틀을 먼저 보고 세부사항을 살펴 본다.

문법은 암기 과목이 아니다. 무조건 외우려고만 들지 말고 문법의 개념과 원리를 파악한다. 처음에는 문법의 큰 항목과 작은 항목만을 살펴본다. 혹은 문법을 시작하는 영어회화만을 살펴본다. 그리고 두 번째는 문법의 개념 설명과 예문을 살펴본다. 세 번째는 전체적으로 세부사항과 예문을 살펴본다. 이런 식으로 연결 고리를 만들어 몇 번씩 책을 반복해서 본다면 한번 끝낼 때마다 놀라운 성취감이 있을 것이다.

문법 자체만을 기억하려고 하지 말고 특정 문법이 들어있는 샘플 예문을 통째로 기억한다.

가령 완료구문을 공부한다고 하자. 완료구문이라는 말은 우리말에 없는 시제라서 이해하기가 다소 난해하다. 완료시제는 과거와 현재의 시간이 서로 연속성을 갖고 있어서 과거의 상황이 현재까지 연속되는데, 이러한 문법적인 설명을 읽고 나서 이 원리를 이론적으로 기억하기란 쉽지 않을 것이다.

다음 예문들을 비교해 보자.

　　　① I bought an MP3 player yesterday. 나는 어제 MP3를 샀어.

② I have bought an MP3 player. 나는 MP3를 샀어

③ I bought an MP3 player yesterday and I have it now.
어제 MP3를 샀는데 지금 가지고 있어.

①의 문장은 과거인데, 이 문장의 정보만으로는 어제 산 MP3를 지금 현재도 가지고 있는지 알 수 없다. ②의 문장은 현재완료로 이 문장을 풀어서 보면 ③의 문장이 된다. ②의 현재완료 구문은 어제 산 MP3를 지금도 가지고 있다는 뜻으로, 과거의 어떤 상황이 지금 현재까지 그 영향을 미치고 있다는 것을 알려준다. 이처럼 현재완료구문의 문법적인 개념을 이해하고 난 다음에는 ①과 ②의 문장의 차이점을 보다 쉽게 알게 될 것이다. 따라서 ②의 문장을 그대로 기억하여 현재완료의 개념과 예문을 동시에 암기한다.

문법을 익힐 때마다 실생활에서 문법 내용 및 문장의 구조를 활용한다.

문법을 회화와 작문과 병행하면 효과는 배가한다. 문법을 공부할 때마다 예문을 소리 내어 읽어 보고 기회 있을 때마다 말을 해본다. 또한 그날 배운 문법 내용만을 최대한 활용해서 실제로 작문을 해 본다. 문법 일기 노트를 작성하는 것도 재미있다. 예를 들어 오늘 수동태를 공부했다고 하자.

I had an accident today. 나는 오늘 사고를 당했다.

I **was hit** by a motorbike. 오토바이에 치었다.

My leg **was broken**. 다리가 부러졌다.

I **was carried** to a hospital at once. 즉시 병원으로 실려갔다.

I **was examined** by a doctor. 의사의 진찰을 받았다.

I **was injected** by a nurse. 간호사한테 주사를 맞았다.

It **is said** that I had to stay in bed for a week.
일주일 동안 누워 있어야 한다는 말을 들었다.

I **was visited** by a lot of friends. 많은 친구들의 방문을 받았다.

Anyway it is not bad 어쨌든 나쁘지는 않아

because I don't have to work. 일을 안 해도 되니까.

자신의 일상이든 혹은 가상의 주제를 정하든 그 날 공부한 내용을 작문으로 복습하면 두뇌에 영어회로가 제대로 작동하게 된다. 설사 내용이 비논리적이고 문법적인 실수가 있다 해도 기본 문법과 문장의 구조를 익히는 데는 이러한 연습도 훌륭한 방법이 된다.

영어 공부는 날마다 꾸준히 한다.

사실 어떠한 공부든 공을 들여야 한다. 노력을 많이 해야 하고, 시간을 많이 들여야 한다. 하지만 매일 꾸준히 반복적으로 공부를 해야 한다는 것은 어려운 일이다. 따라서 어렵고 힘든 공부를 이왕이면 재미있게 하자는 것이 학습자들의 공통된 관심사일 것이다. 공부하는 분위기는 얼마든지 즐겁게 만들 수 있다. 좋아하는 음악을 들으면서, 맛있는 군것질을 하면서, 가끔 엉덩이도 흔들면서 재미있고 신나게 그리고 그러한 분위기를 쭈욱 이 책이 끝날 때까지 계속 유지한다.

Contents

PART 3

PART 4

영어회화로 시작하는
포인트
영문법

PART 1

품사

단어를 문법적 기능이나 성질에 따라
동사, 명사, 대명사, 형용사, 부사 등으로 나눈다.

동사

행위나 동작을 나타내는 품사로
자동사와 타동사로 나눈다.

대명사

동일한 명사의 반복을 피하기 위하여
명사 대신 사용하는 품사를 말한다.

01 품사 A Part of Speech

하나의 단어는 여러 개의 알파벳 글자가 모여서 만들어지고, 하나의 문장은 이 단어들이 여러 개 모여서 만들어져요. 문장 안에서 만들어진 각각의 단어는 그 성질이나 기능에 따라 여러 가지 품사로 나누어져요. 영어에서는 흔히 8가지 품사가 있다고 해요. 이 품사들을 구별해서 각각 개념 정리를 해 두는 것으로 영문법 공부를 시작하기로 하죠.

품 사

A **I won the lottery.**
대명사 동사 정관사 명사

B **Wow! That's great. You're a billionaire now.**
감탄사   대명사   형용사   대명사 관사   명사   부사

A 나 복권에 당첨됐어.

B 와, 대단한데. 너는 이제 억만장자구나.

1. 명사 Nouns

● 명사는 사물이나 사람의 이름을 나타내는 말로 문장에서 주어, 목적어 그리고 보어로 쓰인다.

The **sun** is shiny. 태양이 빛난다.   주어로 쓰인 경우

I like **apples**. 나는 사과를 좋아해.   목적어로 쓰인 경우

He is a great **singer**. 그는 대단한 가수야.   보어로 쓰인 경우

● 사물이나 사람이 하나이면 앞에 관사 a/an을 붙이고, 여럿이면 뒤에 −s/−es를 붙인다.

It is a **cat**. 그건 고양이야.

We are **girls**. 우리는 소녀야.

boxes : -s, -x, -sh, -ch 로 끝나는 명사 뒤에는 −es를 붙임

I have two **boxes**. 나는 상자가 두 개 있어.

They are **wolves**. 그들은 늑대야.

wolves : 명사가 -fe나 -f로 끝날 경우에는 v로 고치고 −es를 붙임

명사의 복수형은 규칙적인 변화를 보이는 형태와 불규칙적인 변화를 보이는 형태가 있다. 대개 −s나 −es를 붙이는 규칙적인 복수형과 그렇지 않은 불규칙적인 복수형은 다음을 참고하여 기억해야 한다.

단수형	복수형	변화형들
dog : song, ship, son, book	dogs	−s를 붙이는 경우
dish : bus, box, match, fox	dishes	−es를 붙이는 경우
lady : baby, city, industry	ladies	자음+y=−ies
boy : toy, day, monkey	boys	모음+y= −ys
self : half, thief, leaf, shelf	selves	−f가 ves로 변한 경우
knife : wife, life	knives	−fe가 ves로 변한 경우
roof : belief, chief, cliff	roofs	−f뒤에 바로 s를 붙인 경우
man : woman	men	a가 e로 변한 경우
goose : foot, tooth	geese	oo가 ee로 변한 경우
fish : sheep, Chinese, deer	fish	단수형과 복수형이 같은 경우
child	children	ren을 붙인 경우

● 명사는 셀 수 있는 명사와 셀 수 없는 명사가 있다. 셀 수 있는 명사는 a/an 또는 복수형을 쓸 수 있으나, 셀 수 없는 명사는 셀 수 없으므로 a/an 또는 복수형을 붙일 수 없다.

명사	가산명사 (셀수있는 명사)	보통명사	–관사(a/an/the)를 반드시 사용함
		집합명사	–복수형을 만들 수 있음
	불가산명사 (셀수없는 명사)	물질명사	–관사를 붙일 수 없음
		고유명사	–복수형을 만들 수 없음
		추상명사	–관사를 붙일 수 없음

품 사

보통명사

일정한 형태가 있는 사물의 이름이나 사람을 가리킨다. pen, car, girl, teacher, desk, chair, singer, lion, bird 등 대부분의 명사가 보통명사에 속한다.

She is a **student**. 그녀는 학생이야.

I have a laptop **computer**. 나는 휴대용 컴퓨터가 있어.

집합명사

사람이나 사물이 집합적으로 모여 이룬 명사를 가리킨다. family, committee, audience, police, people (사람들) 등이 대표적이다.

police : 경찰 개개인을 나타내는 경우에는 복수 취급함

The **police** are after the thief. 경찰들이 도둑을 쫓고 있어.

The **audience** was very excited. 관중이 매우 흥분했지.

audience : 청중 전체를 나타내는 경우에는 단수 취급함

여기서 잠깐

보통 명사로 종족 전체를 나타낼 수도 있지요.
An ant is an industrious insect. 개미는 부지런한 곤충이다.
= The ant is an industrious insect.
= Ants are industrious insects.

물질명사

air, gas, water, sand, wine 등 일정한 형태가 없는 물질을 나타내는 명사를 말한다.

I like milk. 나는 우유를 좋아해.

We can't live without air. 우리는 공기 없이 살 수 없지.

고유명사

이 세상에 하나 밖에 없는 인명, 지명 등을 나타내는 명사를 말한다. 유일무이한 존재이므로 항상 첫 글자를 대문자로 쓴다.

He is from Korea. 그는 한국 출신이다.

Everybody loves Marsha. 누구나 다 Marsha를 사랑해.

추상명사

감각적으로 느낄 수 없는 추상적인 개념의 명사를 가리킨다. love, truth, happiness, art 등의 명사들이 이에 속한다.

Good luck to you. 행운을 빌어.

Love means everything. 사랑이 가장 중요해.

2. 대명사 Pronouns

사람이나 사물 즉 명사의 반복을 피하기 위하여 사용하는 것을 대명사라고 한다. 명사를 대신하는 품사이므로 명사와 똑 같은 역할을 하여 주어, 목적어, 보어 역할을 한다.

● 주어 역할을 하는 대명사

A man from Brazil lives next door to us. **He** looks kind.
(A man from Brazil = He) 브라질에서 온 남자가 우리 옆집에 살아. 그는 친절해 보여.

● 목적어 역할을 하는 대명사

People like Mr. Williams, but I don't like **him**.
(Mr. Williams = him) 사람들은 Williams씨를 좋아하지만 나는 그를 좋아하지 않아.

● 보어 역할을 하는 대명사

It was Ben. It wasn't me. Ben이 그랬어. 내가 안 그랬어.

대명사의 종류는 다음과 같다. 각 대명사에 대한 상세한 설명은 3장에서 계속된다.

대명사	인칭대명사	사람을 지칭할 때 쓰는 대명사
	지시대명사	사람이나 사물을 가리킬 때 쓰는 대명사
	소유대명사	〈소유격+명사〉의 역할을 하는 대명사
	의문대명사	〈의문사+대명사〉의 역할을 하는 대명사
	부정대명사	막연한 사람이나 사물을 가리키는 대명사
	재귀대명사	주어 자신에게 동작이 돌아오는 대명사
	관계대명사	〈접속사+대명사〉의 역할을 하는 대명사

3. 동사 Verbs

동사는 말 그대로 사물의 움직임을 나타내는 품사이다. 하지만 be동사와 사물의 상태를 나타내는 동사를 모두 포함하여 동사라 한다. 동사는 영어의 문장에서 없어서는 안 될 중요한 품사이다.

　I run in the morning. 나는 아침에 달리기 해.

　He **is** cool. 그는 멋져.

　I **hate** you. 나는 네가 미워.

동사는 문장의 형식에 따라 5가지 종류가 있다. 각 문장의 형식에 대한 세부 설명은 2장에서 계속된다.

형식	동사의 종류		문장의 형태
1	완전 자동사	주어+동사	주어=subject, 동사=verb
2	불완전자동사	주어+동사+주격보어	주격보어= subjective complement
3	완전타동사	주어+동사+목적어	목적어= object
4	수여동사	주어+동사+간접목적어+직접목적어	간목=indirect object, 직목=direct object
5	불완전타동사	주어+동사+목적어+목적격보어	목적격보어=objective complement

4. 형용사 Adjectives

형용사는 수량, 성질, 상태 등을 나타내는 말로 명사나 대명사를 수식하는 역할을 한다. 형용사는 대개 명사나 대명사 앞에 오지만 뒤에 올 때도 있다. 형용사는 한정적 용법과 서술적 용법으로 나누어진다.

● 한정적 용법

형용사가 명사 앞이나 뒤에서 직접 명사를 수식하는 용법이다.

pretty girl : 형용사가 명사 앞에서 수식하는 경우

Jane is a **pretty** girl. Jane은 예쁜 소녀이다.

I want something **good** to eat. 뭔가 맛있는 걸 먹고 싶어.

something good : 형용사가 명사 뒤에서 수식하는 경우

● 서술적 용법

형용사가 문장에서 주격 보어나 목적격 보어로 쓰이는 용법이다.

interesting : 형용사가 주격 보어로 쓰인 경우

The movie is **interesting**. 그 영화는 재미있어.

I found him **kind**. 나는 그가 친절하다는 것을 알았어.

kind : 형용사가 목적격 보어로 쓰인 경우

여기서 잠깐

● 서술적 용법으로 쓰인 형용사 뒤에 -ing가 붙는 경우가 있고, -ed가 붙는 경우가 있는데 어떻게 다르죠?

이의 차이를 묻는 문제가 시험에 자주 출제되는데요. 구분하는 가장 간단한 방법은 주어가 사물이면 -ing형 형용사를 붙이고, 주어가 사람이면 -ed형 형용사를 붙이는 거에요.

My job is bor**ing**. 내 일은 지루해.

I'm bor**ed** with my job. 나는 내 일이 지루해.

5. 부사 Adverbs

부사는 동사, 형용사, 다른 부사를 수식하는 역할을 한다. 부사는 시간, 장소, 정도, 빈도, 방법 등을 나타내는 품사로 쓰인다.

● 부사의 종류

시간을 나타내는 부사	now, then, soon, early, late, before, just, already, yet, today 등
장소를 나타내는 부사	far, near, here, there, up, down, front, back, away, downstairs 등
정도를 나타내는 부사	almost, nearly, enough, too, quite, very, much, little, badly 등
방법을 나타내는 부사	hard, fast, quickly, carefully, slowly, well, safely, gladly, easily 등
빈도를 나타내는 부사	always, usually, often, never, ever, once, twice, sometimes 등

품사

● 부사의 위치

문장에서 부사는 의미 차이 없이 문장의 앞이나 뒤, 또는 동사의 앞이나 뒤에 자유롭게 위치시킬 수 있다. 하지만 다음 몇 가지의 경우에는 정해진 위치를 기억해야 한다.

🐜 빈도부사와 함께 쓰인 경우에는 일반동사 앞, be동사나 조동사 뒤에 위치한다.

always eat : 빈도부사가 일반동사 앞에 온 경우

I **always eat** rice for breakfast.   나는 아침으로 항상 밥을 먹어.

is never : 빈도부사가 be동사 뒤에 온 경우

Brian **is never** late for work.   Brian은 결코 늦는 법이 없지.
We **would often** go fishing.   우리는 낚시하러 가곤 했지.

would often : 빈도부사가 조동사 뒤에 온 경우

🐝 형용사와 다른 부사를 수식하는 경우에는 바로 앞에 위치한다.

very smart : 부사가 형용사를 수식한 경우

She is a **very smart** girl. 그녀는 아주 영리한 소녀야.

Thank you **very much**. 대단히 감사합니다.

very much : 부사 very가 다른 부사 much를 수식한 경우

🐝 문장 전체를 수식하는 경우에는 주로 문장 앞에 위치한다.

Surely he will come. 꼭 그는 올 거야.

Fortunately, he passed the exam. 운 좋게도, 그는 시험에 합격했어.

● 부사의 어순
부사나 부사구가 하나가 아닌 여러 개가 동시에 올 경우 따라야 할 원칙이 있다. 우선 작은 단위나 짧은 부사(구)가 먼저 오고 그 다음에 큰 단위나 긴 부사(구)가 온다.

He got up **at one o' clock in the afternoon**. 그는 오후 1시에 일어났어.

We went to **Rome in Italy**. 우리는 이태리 로마에 갔어.

They will get **here by train next Monday**.
그들은 다음 주 월요일에 기차로 여기에 올 거야.

here / by bus / next Monday : 〈장소+방법+시간〉의 순서로 와야 함

6. 전치사 Prepositions

전치사란 명사나 대명사 앞에 오는 말로서 (대)명사와 결합하여 구를 만드는 것을 말한다. 전치사와 명사가 결합하여 만들어지는 구는 형용사구와 부사구가 있다.

● 형용사구는 명사를 수식하는 형용사 역할을 한다.

The woman **in a blue dress** is my mother.

파란 드레스를 입은 분이 나의 어머니야.

in a blue dress : 앞에 있는 명사 the woman을 수식함

● 부사구는 동사를 수식하는 부사 역할을 한다.

at the age of 33 : 동사 died를 수식함

My uncle died **at the age of 33**. 우리 삼촌은 33세에 돌아 가셨어.

Hang the picture **on the wall**. 그림을 벽에 걸어.

on the wall : 동사 hang을 수식함

● 전치사의 목적어 역할을 하는 것은 명사 상당어구이다. 즉 명사, 대명사(목적격), 명사구, 명사절 등이 와야 한다.

Look at **the sky**. 하늘을 보아라.　　　　　명사가 전치사 at의 목적어인 경우

Look at **me**. 나를 봐.　　　　　　　　　대명사가 전치사 at의 목적어인 경우

Look at **the two dogs**. 개 두 마리를 보아라. 명사구가 전치사 at의 목적어인 경우

Sorry for **being** late. 늦어서 미안해.　　　　동명사가 전치사 for의 목적어인 경우

Let's talk about **where we should** visit first.

어디를 먼저 찾아 가야 할지 얘기해보자.　　　　명사절이 전치사 about의 목적어인 경우

7. 접속사 Conjunctions

접속사는 단어와 단어, 구와 구, 절과 절을 연결시켜 주는 품사이다. 접속사에는 등위접속사, 종속접속사, 상관접속사가 있다.

● **등위접속사**

등위접속사는 단어와 단어, 구와 구, 절과 절을 대등한 관계로 연결시켜 주는 접속사이다. 등위접속사는 동일한 형태를 앞 뒤로 연결시켜 주므로, 같은 품사 또는 같은 유형의 구나 절이 와야 한다. and, but, nor, or, for, so 등이 등위접속사이다.

🐾 단어와 단어를 연결한 경우

Do you want **an apple or apple juice**? 사과를 먹을래, 사과 주스를 마실래?

🐾 구와 구를 연결한 경우

Put this bag **on the table or on the chair**. 이 가방을 책상 위나 의자 위에 놓아라.

🐾 절과 절을 연결한 경우

I can skate **but** I can't ski. 나는 스케이트를 타지만 스키는 못 타.

● **종속접속사**

종속접속사란 자신과 연결된 절을 부사절이나 명사절로 이끌어 주절에 종속시키는 접속사를 일컫는 말이다. 각각의 접속사에 대한 세부 설명은 14장에서 이어진다.

종속접속사	명사절	that, if, whether 등
	부사절	시간을 나타낼 때: as, when, while, after, before 등
		이유를 나타낼 때: as, since, because 등
		조건을 나타낼 때: if, unless, once 등
		양보를 나타낼 때: though, although, even though, even if 등
		목적을 나타낼 때: that ~ may/can, lest ~ should 등
		결과를 나타낼 때: so ~ that, such ~ that 등

● **상관접속사**

상관접속사는 서로 상관이 있는 접속사를 연결해서 하나의 의미를 나타내는 것을 말한다. both ~ and, not only ~ but also, either ~ or, neither ~ nor 등이 상관접속사이다.

Both he and you **are** right. 그와 너 둘 다 옳아.

are : 주어가(둘 다)라는 뜻이므로 동사는 복수로 써야 함

Not only he **but also** you are right. 그 뿐만 아니라 너도 옳아.

= You **as well as** he are right.

Either he or you **are** right. 그 혹은 네가 옳아.

Neither he nor you **are** right. 그도 너도 둘 다 옳지 않아.

are : not only ~ but also, either ~ or, neither ~ nor는 동사와 가까운 주어에 수를 맞춰야 함. 하지만 as well as는 앞에 있는 주어에 동사의 수를 일치시켜야 함

8. 감탄사 Interjections

감탄사는 말하는 사람의 감정, 예를 들어 놀람, 당황, 슬픔, 기쁨 등을 나타내는 단어를 말한다. 감탄사는 단순히 감정을 표현하는 것으로 문법적인 기능을 하지 않는다. Yes, hello, hi!, oh!, ah!, ouch!, well!, indeed!, alas!, hey!, wow!, oops! 등이 감탄사로, 주로 느낌표(!)와 같이 쓰인다.

Ouch, that hurt! 아야, 아파.

Oh, no, I forgot that the exam was today.
아이쿠, 시험이 오늘이란 걸 깜박했네.

Hey! Put that down! 이봐! 그거 내려 놔!

God, I was stupid. 맙소사, 내가 바보였어.

Exercises

A. 문맥에 맞는 것을 고르시오

1. There are three (Chineses, Chinese) in the room.

2. He is not (students, a student).

3. The book is (interesting, interested).

4. I'm very (interesting, interested) in movies.

5. He runs (fast very, very fast).

6. I (always will, will always) work hard.

7. Will you listen to (me, I) carefully?

8. We go to work by subway (and, but) by bus.

9. Both my sister and I (is, are) here.

10. (Leafs, Leaves) are falling down.

● Answers

1. Chinese : 단수형과 복수형이 같음. 방에 세 명의 중국인이 있다.

2. a student : 주어가 한 사람이므로 보어도 단수형 명사가 옴. 그는 학생이 아니다.

3. interesting : 주어가 사물이므로 -ing형 형용사가 주격 보어로 쓰인 경우임 그 책은 재미있다.

4. interested : 주어가 사람이므로 -ed형 형용사가 주격 보어를 쓰인 경우임 나는 영화에 관심이 많다.

5. very fast : 부사가 다른 부사를 수식할 경우 다른 부사 앞에 위치해야 함 그는 아주 빨리 달린다.

6. will always : 조동사 뒤에 부사가 와야 함 나는 항상 열심히 일할 것이다.

7. me : 전치사의 목적어로 반드시 목적격이 와야 함. 내 말 좀 잘 들어봐.

8. and : 앞 뒤의 문맥상 등위 접속사 and가 자연스러움. 우리는 지하철과 버스로 출근한다.

9. are : 〈both ~ and〉는 복수 동사를 써야 함. 내 동생과 나 둘 다 여기 왔다.

10. leaves : leaf의 복수형은 leaves임. 잎사귀들이 떨어지고 있다.

B. 두 문장 중 올바른 것을 고르시오.

1.(　) Milk is good for the health.

(　) Milk is good for health.

(　) The milk is food for the health.

2.(　) We are a friend.

(　) We are friends.

3.(　) Please give me something hot.

(　) Please give me hot something.

4.(　) It is a completely unbelievable story.

(　) It is an unbelievable completely story.

5.(　) We went to Italy in Rome.

(　) We went to Rome in Italy.

● Answers

1. Milk is good for health. (milk나 health는 모두 추상명사이므로 무관사임.)
   우유는 건강에 좋다.
2. We are friends. (주어, 동사, 보어의 수가 모두 복수형이어야 함) 우리는 친구다.
3. Please give me something hot. (-thing으로 끝나는 명사는 형용사가 뒤에서 수식함)
   뭐 뜨거운 것 좀 주세요.
4. It is a completely unbelievable story. (부사가 형용사 앞에서 형용사를 수식함)
   그건 도무지 믿을 수 없는 말이다.
5. We went to Rome in Italy. (작은 장소가 큰 장소 앞에 위치해야 함)
   우리는 이태리 로마에 갔다.

01 동사 Verbs

영어의 문장에서 그 문장에 대한 정보를 가장 많이 알려주는 문법적 요소를 지닌 품사는 동사에요. 동사의 형태를 보면 그 문장의 시제뿐만 아니라 능동·수동인지, 완료·진행인지 또는 가정법인지 등을 알 수 있어요. 영어의 문장 형식도 동사가 결정을 해요. **동사의 형태를 파악하게 되면 영어 문장의 구조를 이해할 수 있다는 말이죠.** 영어 문장에는 5가지 형식이 있고, 각 형식마다 동사의 쓰임이 달라요. 1형식은 완전자동사, 2형식은 불완전자동사, 3형식은 완전타동사, 4형식은 수여동사, 5형식은 불완전타동사가 쓰이는데요. 그렇다면 동사 앞에 붙어 있는 완전·불완전이 무엇을 말하는 것인지 또 자동사, 타동사, 수여동사는 무엇인지 지금부터 공부해 볼까요?

A Guess what? They live in the sea. They are gentle. They eat fish.
     완전타동사   완전자동사   불완전자동사   완전타동사

  They show people their great performances. They make us happy.
        수여동사   불완전타동사

B That's easy. I got it.
           완전타동사

A 무엇인지 맞혀봐. 이것은 바다에 살아. 유순하고. 물고기를 먹어.
    사람들에게 멋진 공연을 보여주고. 우리를 즐겁게 해 주지.

B 쉽군. 원지 알아.

I. 완전 자동사 - I형식(주어+동사)

자동사는 목적어를 필요로 하지 않는 동사를 말한다. 목적어가 없어도 스스로 문장이 성립된다는 의미에서 자동사라고 한다. 자동사 앞에 완전이라는 말이 붙게 되면 주어를 설명해주는 보어를 필요로 하지 않는다는 말이 된다. 다시 말해서 완전자동사라는 말은 목적어와 주격보어를 쓰지 않아도 완전한 문장을 만들 수 있다는 뜻이다.

> **I sleep.** 나는 잔다.
> We **walk.** 우리는 걷는다.
> They **eat.** 그들은 먹는다.

동사

위의 예문들은 주어와 동사만으로 완전한 문장을 만든다. 하지만 주의할 것은 목적어와 보어를 쓰지 않는다고 해서 문장의 길이가 짧아지는 것은 아니다. 부사, 부사구, 부사절 또는 형용사(구) 등의 수식어구는 문장의 형식에 포함되지 않으므로 문장의 길이는 얼마든지 길어질 수 있다.

now : 부사는 문장의 형식에 포함되지 않음

> I sleep **now.** 나는 지금 잔다.
> I sleep **at 10 o' clock at night after keeping a diary.**
> 나는 일기를 쓴 후 밤 10시에 잔다.

at 10 / at night / after keeping a diary : 부사, 부사구, 부사절은 아무리 많아도 문장의 형식에 포함되지 않음

위의 내용을 정리하여 만든 1형식 문장의 예문을 다음 표로 확인해 보자.

주어	완전자동사	부사	부사구(+부사구)	우리말
She	smiled.			그녀가 미소 지었다.
The sun	sets	quietly.		태양이 조용히 진다.
I		go	to church on Sundays.	나는 일요일마다 교회에 간다.
My sister	lives	alone	in London.	우리 언니는 런던에서 혼자 산다.
Birds	are singing	merrily	high up in the sky.	새들이 하늘 높이 즐겁게 노래하고 있다.

여기서 잠깐

● There is a cat on the sofa. 는 문장의 형식이 어떻게 되나요?

여기에서 There는 문장을 유도하는 부사라고 하죠. 주로 〈유도부사 There + be 동사 + 주어 + 장소 전치사구〉 형식으로 나타내는데요. be동사가 〈~이 있다〉라는 뜻으로 완전자동사로 쓰인 1형식 문장이에요.

There is a cat on the sofa.　　　　　부사+동사+주어+부사구
소파에 고양이 한 마리가 있어.

실제로 주어는 a cat이고, 동사는 is에요. 주어가 단수이므로 동사도 단수죠. 맨 앞에 있는 There는 부사이고, 맨 뒤에 있는 on the sofa는 부사구이므로 문장의 형식에 포함되지 않아요.

There are many people in the park.　　부사+동사+주어+부사구
공원에 사람들이 많이 있어.

Here you are.　　　　　　　　　　　　부사+주어+동사
여기 있어.

이 문장은 어순이 좀 다르지요. 주어가 you처럼 대명사인 경우에는 부사 다음에 주어, 동사를 도치시키지 않아요.

2. 불완전 자동사 - 2형식(주어+동사+주격보어)

완전자동사는 목적어와 보어를 필요로 하지 않는 동사라고 1형식에서 공부하였다. 그렇다면 불완전자동사는 무엇일까? 자동사이므로 목적어는 없어도 문장이 되지만, 불완전하다고 했으니 (주격)보어는 있어야 문장이 성립된다는 것을 말한다. 여기에서 (주격)보어란 주어의 동작이나 상태를 설명하는 형용사나 명사 등으로 불완전자동사를 보충 설명하여 문장을 완성시키는 역할을 한다.

You are ~. 너는 ~이다.

30

be동사 are〈~이다〉만으로는 완전한 문장이 성립되지 않으므로, 주어를 설명해주는 말이 필요하다. 이때 ~자리에 오는 것이 보어이다. 주어를 설명해 주는 말이므로 주격보어라고 한다.(5형식에서도 보어가 나오는데 5형식에서는 목적어를 설명해 주는 말이라고 해서 목적격 보어라고 한다.)

You are kind. 너는 친절해   보어-형용사
You are a boy. 너는 소년이야.   보어-명사

보어자리에 형용사와 명사가 왔는데, 이외에 보어자리에 올 수 있는 말은 명사, 대명사, 형용사(구), 명사상당어구(명사역할을 하는 것) 등이 있다. 이를 표로 정리하면 다음과 같다.

주어	불완전 자동사	명사/ 대명사	형용사 / 구/절	to 부정사 /동명사	명사절
Tom	is	a doctor.			
Tom	is		gentle.		
Tom	is		angry.		
It	is		of no use.		
It	is	mine.			
My hobby	is			to read/reading.	
My plan	is				that I'll travel.
That	is		what I want.		

다음은 be동사 이외에 2형식 문장에서 중요한 불완전자동사들이다. 다음의 불완전자동사들은 주로 보어자리에 형용사가 온다. 우리말로는 〈~해(하게) 보이다, ~처럼 느껴지다〉 등으로 마치 부사가 있는 것처럼 해석이 되는데, 사실은 부사가 아니라 형용사를 쓰는 것에 주의해야 한다.

● be 동사류 (~이다) : 주어의 상태를 나타내는 말로 seem, appear, remain, keep 등의 동사를 들 수 있다.

You seem tired. 너 피곤해 보인다.

rotten : rot의 과거분사로 형용사화 됨

The orange **appears rotten**. 오렌지가 썩은 것 같아.

He **remained** silent. 그는 여전히 잠자코 있었어.

Keep quiet. 조용히 하고 있어.

● become 동사류 (~이 되다) : 주어의 변화를 나타내는 말로 get, grow, turn 등의 동사를
들 수 있다.

It is **getting** dark. 어두워지고 있어.

He **grew** angry. 그가 (차츰) 화가 났지.

grew : grow의 과거로 〈차츰 ~이 되다〉의 뜻

The leaves are **turning** red and yellow.

나뭇잎이 붉고 노랗게 물들고 있어.

● feel 감각동사류 : 신체의 감각으로 느낄 수 있는 동사로 feel, smell, sound, taste, look
등의 동사를 들 수 있다.

I **feel** great. 기분이(몸이) 좋아.

It **smells** sweet. 맛있는 냄새가 나는데.

That **sounds** good. 그거 좋은 생각이야.

It **tastes** awful. 맛이 끔찍하군.

You **look** sick. 아파 보이는데.

3. 완전 타동사 - 3형식(주어+동사+목적어)

타동사는 목적어를 필요로 하는 동사를 말한다. 완전하다는 말은 보어가 필요하지 않다는 뜻이라고 이미 설명한 바 있다. 따라서 완전타동사는 주어, 동사 그리고 목적어가 있어야 문장이 성립된다.

I love ~. 나는 ~ 를 사랑해.

동 사

위의 문장은 목적어가 없으므로 틀린 문장이다. 동사 love는 〈~을 사랑하다〉의 뜻으로 반드시 목적어를 수반해야 한다.

I love **you**. 너를 사랑해.
She likes **apples**. 그녀는 사과를 좋아해.

목적어 자리에는 명사, 대명사, 부정사, 동명사, 명사절(that절), if절, 의문사절, 의문사+to 부정사, 의문사절 등이 올 수 있다.

목적어	예문	해석
명사	I like **apples**.	나는 사과를 좋아해.
대명사	I like **them**.	나는 그들을 좋아해.
부정사	I like **to sing**.	나는 노래하는 것을 좋아해.
동명사	I enjoy **singing**.	나는 노래하는 것을 즐겨.
that절	I think **that you are wrong**.	나는 네가 틀렸다고 생각해.
if/whether절	I don't know **if/whether he will come**.	그가 올지 안 올지 모르겠어.
의문사+to부정사	I don't know **where to go**.	어디로 가야 할 지 모르겠어.
의문사절	I don't know **when he will come**.	그가 언제 올지 모르겠어.
동족목적어	I dreamed **a strange dream**.	나는 이상한 꿈을 꾸었어.
재귀대명사	I cut **myself** with a knife.	나는 칼에 베었어.

- 3형식의 목적어 자리에 오는 동족목적어와 재귀대명사는 무엇인가요?

  1. 동족목적어가 있는 동사는 원래 자동사인데요. 자동사는 원칙적으로 목적어를 필요로 하지 않으나, 어원이 같은 명사를 목적어로 가질 때가 있어요. 이런 목적어를 동족목적어라고 하죠.

     I slept a sound sleep. 나는 깊은 잠을 잤어.

  2. 재귀대명사의 재귀란 주어의 동작이 주어 자신에게 돌아온다는 것을 뜻해요. 주어가 행한 동작의 대상이 주어 자신이 되는 경우로써 〈~자신, ~ 자체〉로 해석을 해요. 타동사의 동작이 주어 자신에게 행해졌을 때 재귀대명사를 목적어로 취하죠.

     We love ourselves. 우리는 우리 자신을 사랑하지.

4. 수여동사 - 4형식(주어+동사+간접목적어+직접목적어)

수여동사의 수여라는 말은 누구에게 상장을 수여한다는 말로 누구에게 무엇을 주는 동사를 말한다. ~에게(간접목적어) ~을(직접목적어) 주는 대표적인 동사가 give 이다. 이처럼 동사 뒤에 목적어를 두 개 취하는 동사가 수여동사이다. teach, send, lend, show, tell 등이 수여동사에 속한다.

He gave me ~. 그가 나에게 ~을 주었어.

목적어가 하나인 위의 문장은 무엇을 주었는지에 대한 말, 즉 직접목적어가 없어서 완전하지 않은 문장이다. 간접목적어로 사람이 오고, 직접목적어에 사물이 오므로, 이 문장에서는 물건에 해당하는 말이 와야 문장이 성립된다.

gave : give의 과거로 수여동사임

He gave me **a book**.   직접목적어로 명사가 온 경우
그가 나에게 책 한 권을 주었어.

taught : teach의 과거로 수여동사임

She taught me **how to drive**.   직접목적어로 의문사+to부정사가 온 경우
그녀가 나에게 운전하는 법을 가르쳐 주었어.

You told me **that you called**.   직접목적어로 that절이 온 경우
네가 나에게 전화한다고 했잖아.

She asked me **if I was happy**.   직접목적어로 if절이 온 경우
그녀가 나에게 행복한지 어떤지 물어보았어.

동사

● 수여동사가 있는 4형식 문장은 3형식 문장으로 의미 차이 없이 전환할 수 있다. 4형식을 3형식으로 전환할 때 간접목적어 앞에 전치사 to, for, of 등을 붙이게 되는데, 이때 전치사구는 부사구가 되어 문장의 형식에 포함되지 않는다.

🔔 *간접목적어 앞에 to를 쓰는 동사* : give, send, offer, bring, pass, tell, write, lend, read, hand

He passed me the salt. 그가 나에게 소금을 건네 주었어.   4형식
→ He passed the salt **to me**.   3형식

to me : 〈전치사+목적격〉은 부사구로 문형에 포함되지 않아 3형식이 됨

🔔 *간접목적어 앞에 for를 쓰는 동사* : make, buy, cook, order, get, choose

She made me a dress. 그녀는 나에게 드레스를 만들어 주었어.   4형식
→ She made a dress **for me**.   3형식

🔔 *간접목적어 앞에 of를 쓰는 동사* : ask, inquire

He asked me a favor. 그가 나에게 부탁 한 가지를 했어.   4형식
→ He asked a favor **of me**.   3형식

● 수여동사이지만 3형식으로 전환할 수 없는 동사들이 있다. 수여동사라서 간접목적어와 직접목
  적어를 모두 취할 수 있으나 다른 수여동사와 달리 간접목적어를 문장의 뒤로 보내서 그 앞에
  전치사를 붙일수 없다. envy(부러워하다), save(수고를 덜어주다), forgive(용서하다),
  pardon(사면하다) 등이 이에 속한다.

> I envy you your new car. 나는 네 새 차가 부러워.　　　(O)
>
> → I envy your new car **of you**.　　　(X)
>
> This computer will save you a lot of trouble.　　　(O)
>　이 컴퓨터가 너의 수고를 많이 덜어줄 거야.
>
> → This computer will save a lot of trouble **for you**.(X)

● 우리말로 〈~에게 ~을 하다〉와 같이 해석이 되어 수여동사로 착각하기 쉬운 동사들이 있다.
  이처럼 3형식 완전타동사가 수여동사처럼 보이는 동사로는 explain(~에게 ~을 설명하다),
  suggest(~에게 ~을 제안하다), introduce(~에게 ~을 소개하다) 등이 있다.

> Let me introduce myself you. 당신에게 제 소개를 할게요.　　(X)
>
> → Let me introduce myself **to you**.　　　(O)
>
> Will you explain me why you are late?　　　(X)
>　왜 늦었는지 나에게 설명해 주겠니?
>
> → Will you explain **to me** why you are late?　　　(O)

5. 불완전 타동사 - 5형식(주어+동사+목적어+목적격보어)

불완전타동사는 목적어와 목적격보어를 필요로 하는 동사이다. 2형식의 주격보어가 주어와 관련
이 있듯이, 5형식의 목적격보어는 목적어와 관련이 있다. 목적격보어는 목적어와 동격관계이거나,
목적어의 상태를 설명하거나 또는 목적어의 능동 혹은 수동적인 동작을 나타낸다. 목적격보어로
는 명사, 대명사, 형용사, 현재분사, 과거분사, 원형부정사 등이 온다.

> I made him ~. 나는 그를 ~ 만들었다.

위 문장에서 사람(I)이 사람(him)을 만든다(made)는 표현은 성립이 될 수 없는 표현이므로 틀린 문장이 된다. 이 문장을 올바른 문장으로 만들려면 다음 두 가지 방법 중 하나를 선택해야 한다.

① I made him a kite.　　4형식

② I made him angry.　　5형식

①의 문장은 〈주어+수여동사+간접목적어+직접목적어〉의 4형식 문장으로 「나는 그에게 연을 만들어 주었다.」의 뜻이고, ②의 문장은 〈주어+동사+목적어+목적격보어〉의 5형식 문장으로 「나는 그를 화나게 만들었다.」의 뜻이다. 그런데 목적격보어는 목적어와의 관계를 따지는 것이므로 목적어 him을 설명하려면 ②의 문장을 선택해야 한다.

다음 표는 목적격 보어 자리에 오는 명사, 형용사, 현재분사, 과거분사, 원형부정사, to 부정사 등을 정리한 내용이다.

목적격보어	예문 목적어와 목적격보어와의 관계	
명사	I call him **a liar**. 나는 그를 거짓말쟁이라고 부르지.	him = a liar
형용사	I found him **funny**. 나는 그가 재미있다는 것을 알았어.	him = funny
to 부정사	I want you **to be happy**. 나는 네가 행복하기를 바래.	you = to be happy
원형부정사(지각동사)	I saw him **cry**. 나는 그가 우는 것을 보았어.	him = cry
원형부정사(사역동사)	I let him **go**. 나는 그를 가게 했어.	him = go
현재분사	I watch him **singing**. 나는 그가 노래하고 있는 것을 지켜보고 있어.	him = singing (능동)
과거분사	I heard my name **called**. 나는 내 이름이 불리는 소리를 들었어.	my name = called (수동)

● 5형식 동사가 사역동사이면 목적격보어는 원형부정사(to가 없는 부정사를 말함)를 쓴다. 사역동사의 사역이라는 말은 「~에게 ~을 하게 만들다, 시키다」의 뜻으로 let, have, make, help가 있다. 목적어가 사람이면 목적격보어는 능동의 의미를, 목적어가 사물이면 목적격보어는 수동의 의미를 지닌다.

동사

I **made** my brother **clean** my room.　(동생에게 강요함)

내가 동생에게 내 방을 청소하게 했지.

I **had** my brother **bring** me some water.　(동생에게 부탁함)

나는 동생에게 물 좀 가져오게 했지.

let-let-let : let은 불규칙 동사로 동사의 변화가 모두 같음

I **let** my brother **use** my computer.　(동생에게 허락함)

나는 동생에게 내 컴퓨터를 사용하게 했지.

I **helped** my brother **do** his homework.　나는 동생이 숙제를 하는 걸 도와주었어.
= I **helped** my brother **to do** his homework.

help는 목적격보어로 원형부정사와 to부정사를 모두 취할 수 있음

● 동사가 지각동사이면 목적격보어는 원형부정사를 쓴다. 지각동사는 보고, 듣고, 느끼는 것과 같이 감각을 나타내는 동사를 말한다. 지각동사로는 see, look at, hear, listen to, feel, watch, notice, observe가 있다.

I **looked at** him **wash** the car.　나는 그가 세차하는 것을 보았어.

I **heard** someone **cry**.　누군가 우는 소리가 들렸어.

I **listened to** them **whisper**.　나는 그들이 속삭이는 소리를 기울여 들었어.

● 지각동사가 있는 5형식 문장에서 목적격보어는 원형부정사와 현재분사를 모두 취할 수 있다. 목적격보어로 원형부정사를 쓰면 어떤 동작의 시작부터 끝까지를 모두 지켜보는 완료의 의미를 지닌다. 목적격보어로 현재분사를 쓰면 어떤 동작이 이미 진행 중에 있음을 나타낸다.

I **saw** her **run** on the street.　동작의 완료

나는 그녀가 거리를 달리는 모습을 보았다.

➜ 달리는 모습을 처음부터 끝날 때까지 보았다.

I **saw** her **running** on the street.　　동작의 진행

나는 그녀가 거리를 달리고 있는 모습을 보았다.

➜이미 달리고 있어서 처음부터 보지는 못하고 진행중인 모습만 보았다.

● 사역동사나 지각동사의 목적어가 사람이면 목적격보어는 원형부정사를 쓰고 능동의 의미를,
목적어가 사물이면 과거분사를 쓰고 수동의 의미를 지닌다.

동 사

I had **him repair** my watch.　　　　　　　　능동의 의미

나는 그에게 내 시계를 고치도록 시켰어.

I had **my watch repaired**.　　　　　　　　수동의 의미

나는 내 시계가 수선되도록 시켰어.

I felt **someone touch** my face in the dark.　　능동의 의미

나는 누군가 어둠 속에서 내 얼굴을 만지는 것을 느꼈어.

I felt **my face touched** in the dark.　　　　수동의 의미

나는 어둠 속에서 내 얼굴이 만져지는 것을 느꼈어.

Exercises

A. 다음 문장의 형식을 쓰시오.

1. My father is working in a bank. (   )

2. The weather turned colder.   (   )

3. May I ask you a favor?   (   )

4. It made him angry.   (   )

5. I know how to drive.   (   )

6. He made me a box.   (   )

7. Beautiful butterflies are flying together in the sky.(   )

8. He was a great musician.   (   )

9. They made me laugh. (   )

10. I don't know what he wants.   (   )

● Answers

1. 1형식: 완전자동사(주어+동사+부사구) 우리 아버지는 은행에서 근무한다.
2. 2형식: 불완전자동사(주어+동사+형용사비교급) 날씨가 더 추워졌다.
3. 4형식: 수여동사(주어+동사+간접목적어+직접목적어) 부탁 하나만 들어 줄래?
4. 5형식: 불완전타동사(주어+동사+목적어+목적격보어) 그것이 그를 화나게 했다.
5. 3형식: 완전타동사(주어+동사+ 목적어-의문사+to부정사) 나는 운전하는 방법을 안다.
6. 4형식: 수여동사(주어+동사+간접목적어+직접목적어) 그가 나에게 상자를 만들어 주었다.
7. 1형식: 완전자동사(주어+동사+부사+부사구) 아름다운 나비들이 하늘에서 함께 날고 있다.
8. 2형식: 불완전자동사(주어+동사+명사) 그는 위대한 음악가였다.
9. 5형식: 사역동사(주어+동사+목적어+목적격보어) 그들이 나를 웃게 했다.
10. 3형식: 완전타동사(주어+동사+목적어-의문사절) 나는 그가 무엇을 원하는지를 모른다.

B. 문맥에 맞는 것을 고르시오

1. (   ) That sounds strange.
   (   ) That sounds strangely.

2. (   ) He enjoyed him at the party.
   (   ) He enjoyed himself at the party.

3. (   ) The sun rises in the east.
   (   ) The sun raises in the east.

4. (   ) She sent a box to me.
   (   ) She sent a box for me.

5. (   ) I'll introduce my mother you.
   (   ) I'll introduce my mother to you.

● Answers

1. That sounds strange. (주어+불완전자동사+형용사) 그거 이상하게 들리는데.

2. enjoyed himself at the party. (주어+동사+완전타동사–재귀대명사+부사구)
   그는 파티에서 재미있게 보냈다.

3. The sun rises in the east. (주어+완전자동사+부사구) 해는 동쪽에서 뜬다.

4. She sent a box to me. (주어+완전타동사+직접목적어+to+간접목적어) 그녀가 나에게 상자를 보냈다.

5. I'll introduce my mother to you. (주어+완전타동사+목적어+전치사구)
   너에게 우리 어머니를 소개할게.

03 대명사 Pronouns

대명사는 동일한 명사가 반복되는 것을 피하기 위하여 명사 대신 사용하는 것을 말해요. 대명사는 인칭대명사, 지시대명사, 소유대명사, 의문대명사, 부정대명사, 재귀대명사, 관계대명사로 나누어져요.

A Whose is this wallet?
　의문대명사

B That's mine.
　지시대명사　소유대명사

A Well, you have some money in it. Right?
　　　인칭대명사　　부정대명사

B So?

A I need some money. You are the only person that I can ask.
　　　　　　　　　　　　　　　　　　관계대명사

B Why don't you ask mom yourself?
　　　　　　　　　　재귀대명사

　A 이 지갑 누구꺼지?
　B 내 건데.

　A 저, 그 안에 돈 있지. 그치?
　B 그런데?

　A 돈이 좀 필요해서. 너는 내가 부탁할 수 있는 유일한 사람이야.
　B 직접 엄마에게 부탁해 보시지.

I. 인칭대명사 Personal Pronouns

● 인칭대명사는 사람을 지칭할 때 쓰는 대명사이다. 인칭대명사에는 1인칭, 2인칭, 3인칭이 있고, 3인칭은 남성 또는 여성으로 구별된다. 인칭마다 주격, 소유격, 목적격이 있으며, 또한 단수나 복수를 구별해서 써야 한다. 다음 표를 보고 정리해 보자.

격 인칭	단 수				복 수			
	주격 -은, 는, 이, 가	소유격 -의	목적격 -을, 를	소유대명사 -의 것	주격	소유격	목적격	소유대명사
1인칭	I	my	me	mine	we	our	us	ours
2인칭	you	your	you	yours	you	your	you	yours
3인칭	she	her	her	hers	they	their	them	theirs
	he	his	him	his				
	it	its	it	-				

● 인칭대명사의 주격은 대명사가 문장에서 주어로 쓰인다.

인칭	1인칭	2인칭	3인칭		
단수	I	you	he	she	it
복수	we	you	they		

He is clever. 그는 똑똑해.

They are singing. 그들은 노래하고 있어.

● 인칭대명사의 목적격은 타동사나 전치사의 목적어로 쓰인다.

인칭	1인칭	2인칭	3인칭		
단수	me	you	him	her	it
복수	us	you	them		

Don't hate **me**. 나를 미워하지마.　　**타동사 hate의 목적어**

Look at **me**. 나를 봐.　　**전치사 at의 목적어**

● 인칭대명사의 소유격은 명사 앞에 놓여 소유관계를 나타낸다.

인칭	1인칭	2인칭	3인칭		
단수	my	your	his	her	its
복수	our	your	theirs		

He is **your** friend. 그는 너의 친구야.

She has **her** own room. 그녀는 자신의 방이 있지.

● 인칭대명사 중에서 we, you, they는 특정인을 지칭하지 않고, 막연히 일반사람을 지칭한다. 이러한 인칭대명사는 일반적으로 해석하지 않아도 된다.

We have much rain this summer. 올 여름엔 비가 많이 오네.

You should keep the rules. 규칙을 지켜야지.

They say he is a spy. 그가 스파이래.

● 인칭대명사 중에서 it은 주로 사물을 지칭할 때 쓰이는데 이 it을 비인칭대명사라고 한다. 비인칭대명사 it은 특정의 주어를 지칭할 수 없는 경우나 막연한 상황을 나타낼 때 쓴다. 예를 들어 날씨, 시간, 계절, 온도, 거리, 명암 등을 나타낼 때 it을 주어로 쓴다.

It is fine today. 오늘은 날씨가 좋군.   **날씨**

It's five o'clock now. 지금 5시야.   **시간**

It's winter. 겨울이다.   **계절**

It is getting dark. 어두워지고 있어.   **명암**

It's not far. 멀지 않아.   **거리**

That's **it**. 바로 그거야.   **막연한 상황**

2. 소유대명사 Possessive Pronouns

소유대명사는 「~의 것」이라는 뜻으로 〈소유격+명사〉를 말한다.

인칭	1인칭	2인칭	3인칭		
단수	mine	yours	his	hers	its
복수	ours	yours	theirs		

대명사

This is **my camera.** 이것은 나의 카메라야.   소유격+명사

→ This camera is **mine.** 이 카메라는 내거야.   소유대명사

They are **his glasses.** 저건 그의 안경이야.   소유격+명사

→ The glasses are **his.** 저 안경은 그의 것이야.   소유대명사

his : 소유격과 소유대명사가 같음

That is **Joe's cell phone.** 저건 Joe의 휴대폰이야. 소유격+명사

→ That's **Joe's.** 저건 Joe의 것이야.   소유대명사

Joe's : 고유 명사를 소유대명사로 만들 경우 's를 붙임

 3. 지시대명사 Demonstrative Pronouns

지시대명사는 사람이나 사물을 가리키는 대명사이다. 대표적인 지시대명사는 this/these(이것/이 것들), that/those(저것/저것들), it(그것) 등이 있다. this는 가까이 있는 사람이나 사물을 가리킬 때 쓰고, that은 비교적 멀리 있는 사람이나 사물을 가리킬 때 쓴다.

This is : this's(x)로 축약할 수 없음

This is my hat and **that**'s your hat. 이건 내 모자이고 저게 네 모자야.

Those are my friends. 쟤들은 내 친구야.

It is longer. 그것이 더 길어.

● 지시대명사 that/those는 문장 내에서 언급한 명사를 대신하여 쓰이기도 한다.

that : 앞에 있는 단수 명사 the tail의 반복을 피하기 위하여 씀

The tail of a cat is longer than **that** of a dog.
고양이 꼬리는 개의 꼬리보다 더 길어.

The glasses of my grandmother's are older than **those** of
my grandfather's.
우리 할머니의 안경은 할아버지의 안경보다 더 낡았어.

those : 앞에 나온 복수 명사 the glasses 를 다시 받은 대명사임

● 지시대명사 this/that은 앞이나 뒤에 있는 구나 절의 내용을 가리킬 때 쓰이기도 한다.

that : 앞에 나온 구(To go or not to go)를 가리킴

To go or not to go, **that** is your problem.
가느냐, 가지 않느냐, 그것은 네 문제야.

He kept silent for an hour, and **this** made me angry.
그는 한 시간 동안 잠자코 있었는데, 이것이 나를 화나게 했어.

this : 앞에 나온 절(He kept silent for an hour)를 가리킴

● this는 후자(the latter=the other)를, that은 전자(the former=the one)를 가리킨다. this는
this의 위치에서 가까운 명사를 말하고, that은 that의 위치에서 먼 쪽의 명사를 말한다.

Health is better than wealth; **this** does not give so much
happiness as **that**.
건강은 부(富)보다 낫다; 후재(부)는 전재[건강]만큼 행복을 주지 못하기 때문이다.

A girl and her mother are coming; **the one** is ten and the other is forty.

한 소녀와 그녀의 어머니가 오고 있다; 전재[소녀]는 10세이고 후재[그녀의 어머니]는 40세이다.

The latter is better than **the former**. 후자가 전자보다 낫다.

● 지시대명사와 지시형용사는 어떻게 다른가요?

지시대명사는 이것, 저것, 그것 등을 가리키는 대명사이고, 지시형용사는 명사 앞에 위치하여 명사를 수식하는 형용사 역할을 하죠.

This is my pen.	지시대명사
This pen is mine.	지시형용사
I need **those**.	지시대명사
I need **those** shoes.	지시형용사

4. 의문대명사 Interrogative Pronouns

의문을 나타내는 대명사에는 who(누구), what(무엇), which(어느 것) 등이 있다. 의문대명사는 문장에서 주어, 목적어, 보어로 쓰이고 문장을 의문문으로 만들어 준다.

	주격	소유격 = 소유대명사	목적격
사람	who	whose	whom
사물	what	-	what
사람, 사물	which	-	which

● 사람을 나타내는 의문대명사 : who(주격), whose(소유격), whom(목적격)-사람의 이름, 친척관계를 묻는다.

Who are you? 너는 누구니?

Whose is this? 이건 누구의 것이니?

Whom do you mean? 누구를 말하는 거니?

whom : 일반적으로 구어체에서는 whom대신 who를 더 많이 사용함

● 사물을 나타내는 의문대명사 : what(주격, 목적격)-주로 사물을 지칭하나 사람의 직업, 신분을 묻는 경우도 있다.

What is it? 그게 뭔데?

What do you want? 무엇을 원하니?

What is your father? 너의 아버지의 직업은 무엇이니?

● 사람과 사물을 나타내는 의문사 : which(주격, 목적격)-선택의문문을 만든다.

Which is your mother? 어느 분이 너의 어머니지?

Which is yours? 어느 것이 너의 것이지?

Which do you want, tea or coffee? 어느 것을 원하니, 차 아니면 커피?

여기서 잠깐

• 의문대명사와 의문형용사의 차이점은 무엇인가요?

의문대명사는 문장에서 주어, 목적어, 보어 역할을 하는 대명사이고, 의문형용사는 명사 앞에 쓰여 형용사 역할을 하는 형용사이죠.

What do you like? 무엇을 좋아하니?	의문대명사-목적어 역할
What sport do you like? 무슨 운동을 좋아하니?	의문형용사-형용사 역할

5. 부정대명사 Indefinite Pronouns

부정대명사는 특정하게 정해지지 않은 막연한 사람, 사물, 수량을 나타내는 대명사를 말한다. 가끔 반대한다는 뜻의 부정(否定)으로 혼동하는 경우가 있는데, 부정대명사의 부정(不定)은 말 그대로 「~가 정해져 있지 않다」는 것을 의미한다.

● **부정대명사 some과 any** : some, somebody, something, any, anybody, anything–「약간의, 얼마의, 좀」의 뜻으로, some은 긍정문에 쓰이고, any는 부정문, 의문문, if절에 쓰인다.

대명사

> **Some** of us need money. 우리 중 몇몇은 돈이 필요해.
> I need **someone** to help me. 나는 나를 도와 줄 누군가가 필요해.
> I want **something** to eat. 나는 뭔가 먹을 것을 원해.
>
> **Any** of us have no money. 우리 중 아무도 돈이 없어.
> I don't need **anyone** to help me. 나는 나를 도와 줄 그 누구도 필요하지 않아.
> I don't want **anything** to eat. 나는 그 어떤 먹을 것도 원하지 않아.
> I need **some** money. Do you have **any**? 돈이 좀 필요한데. 좀 있니?
>
> I need **some** money. If you have **any**, lend me **some**.
> 돈이 좀 필요한데. 얼마 있으면, 좀 빌려주라.

여기서 잠깐

● 부정대명사는 알겠는데, 부정형용사는 뭐죠?

부정대명사와 부정형용사는 뒤에 명사가 있느냐 없느냐의 구분 외에는 용법이나 해석이 거의 동일해요. 부정대명사는 뒤에 명사를 수반하지 않는 명사의 역할을 하고, 부정형용사는 뒤에 명사를 수반하는 형용사 역할을 하죠. 부정대명사가 쓰이는 용례는 이미 공부했으니, 부정형용사에 쓰이는 용례를 살펴보면서 some과 any의 예외적인 용법을 공부하기로 해요.

1. some 이 긍정문 외에 의문문에 쓰일 경우 상대에게서 yes의 답을 기대한다.
   Can I have **some** more bread? 빵 좀 더 먹어도 돼요?
   Would you like **some** more wine? 와인 좀 더 드시겠어요?

2. any 가 부정문, 의문문, if절 외에 긍정문에 쓰일 경우 「어느 것(사람)이든 상관없다」는 의미이다.
   You can take **any** books. 어떤 책이든 가져가도 좋아.
   Any one can do that. 어느 누구라도 그걸 할 수 있어.

● 부정대명사 one은 특정하지 않은 일반사람을 가리킬 때와 앞에서 언급한 셀 수 있는 명사를 대신 받을 때 사용한다.

One should always be polite. 사람은 항상 공손해야 해.

One must do one's duty. 사람은 자기 의무를 다해야 해.

Do you have a pen? I need **one**. 펜이 있니? 하나 필요한데.

I need three red pens, two blue **ones**. 빨간 펜 3개와 파란 펜 2개가 필요해.

one's 와 ones : one's 는 one의 소유격이고, ones 는 앞에 나온 복수명사를 대신 받는 대명사임

불특정한 가산명사를 대신 받을 때에는 one(s)을 쓰나, 특정한 명사를 대신 받을 때에는 it을 써야 한다. 명사 앞에 the, this, that이 있으면 특정한 것을 지칭하는 것이므로 one으로 다시 받을 수 없다.

Do you still have **the camera**? -Yes, I have **it**.
아직도 그 카메라 가지고 있니? –응, 그거 있지.

Is **this car** yours? 이게 너의 차니?
-Yes, one's mine.　　(X)
-Yes, **it**'s mine.　　(O)
–응, 그것이 나의 것이야.

● 부정대명사 another, others, the other(s) : 또 다른 것 하나 더, 다른 것들, 나머지 다른 것(들)

	부정형용사	부정대명사
단수	another book is	another is
	the other book is	the other is
복수	other books are	others are
	the other books are	the others are

I don't like this hat. Show me **another**.
이 모자 맘에 안 들어요. 다른 것을 보여 주세요.

I have two cats; one is black, **the other** is white.
나는 고양이 두 마리가 있어. 한 마리는 검정색이고, 다른 한 마리는 하얀색이야.

Some are from Japan, and **others** are from China.
일부는 일본 출신이고, 또 다른 일부는 중국 출신이야.

Some are apples, and **the others** are oranges.
일부는 사과이고, 나머지 전부는 오렌지야.

● 부정대명사 each, all : 각각, 모두

Each of the students must study hard.　　부정대명사

Each student must study hard.　　부정형용사
각각의 학생은 열심히 공부해야 해.

all이 사물을 나타낼 때는 단수취급

① **All** is silent.　만물이 고요하다.　　부정대명사
② **All** are silent.　모든 사람들이 침묵하고 있다.　　부정대명사

all이 사람을 나타낼 때는 복수취급

③ **All** men are born equal.　　부정형용사
사람은 모두 태어나면서부터 평등하다.

● 부정대명사 both, either, neither : 둘 다, 둘 중 어느 하나, 둘 중 어느 하나도 아님

Do you want apple juice or orange juice?
사과 주스 마실래요 아니면 오렌지 주스 마실래요?

- **Both**, please.　둘 다 주세요.
- **Either**. I don't mind.　둘 중 하나요. 상관없어요.
- **Neither**. Thanks.　둘 다 안 마실래요.

6. 재귀대명사 Reflexive Pronouns

재귀대명사의 재귀는 다시 돌아온다는 뜻으로, 주어가 행한 동작이 자기 자신에게 돌아온다는 말이다. 소유격이나 목적격에 self(selves)를 붙여 쓰는 대명사로서, 재귀적 용법과 강조용법으로 나누어진다.

	1인칭	2인칭	3인칭		
단수	myself	yourself	himself	herself	itself
복수	ourselves	yourselves	themselves		

● 재귀적 용법

주어의 행위가 주어 자신에게 되돌아 올 경우 목적어 자리에 재귀대명사를 써야 한다. 주어 자신이 목적어 자리에 오므로 이를 재귀적용법이라 칭하고, 이 재귀대명사는 타동사의 목적어로서 생략할 수 없다.

우리는 우리 자신을 사랑한다.

We love us. (X)
We love **ourselves**. (O)

I cut **myself**. 나는 내 자신을 베고 말았어.
They enjoyed **themselves**. 그들은 즐겁게 보냈지.
(You) Help **yourself**. 많이 드세요.

● 강조용법

재귀대명사가 주어와 목적어를 강조할 경우, 이를 재귀대명사의 강조용법이라고 한다. 강조용법으로 쓰인 재귀대명사는 강조하고자 하는 말 바로 뒤 또는 문장 뒤에 위치할 수 있다. 또한 문장의 기본 요소가 아니므로 생략이 가능하다.

I **myself** fixed it. (다른 사람이 아닌) 내 자신이 그것을 고쳤어.
= I fixed it **myself**.

I saw Mr. Rain **himself**. 나는 (다른 사람도 아닌) Rain씨 바로 그를 보았어.

The movie **itself** was good. 영화 자체는 좋았어.

● 관용표현

〈전치사+재귀대명사〉는 관용적으로 자주 사용된다. 이 표현은 따로 암기해서 기억해야 한다.

He lives **by himself**. (= alone 홀로)
그는 혼자 산다.

I fixed it **for myself**.(= without other's help 다른 사람의 도움 없이)
나 혼자 힘으로 그것을 고쳤어.

The fire went out **of itself**. (= spontaneously 자연발생적으로)
불이 저절로 꺼졌어.

She was **beside herself** with anger. (= mad 이성을 잃은)
그녀는 화가 나서 제 정신이 아니었어.

I smiled **in spite of myself**. (= unconsciously 무의식적으로)
나는 나도 모르게 미소 지었지.

7. 관계대명사 Relative Pronouns

관계대명사는 독립된 두 개의 문장을 〈접속사+대명사〉를 이용하여 하나의 문장으로 만들어 주는 대명사이다. 관계대명사에는 who, which, that, what등이 있으며, 이들은 각각 주격, 소유격, 목적격 역할을 한다. 선행사가 무엇이냐에 따라 관계대명사도 달라지며, what은 선행사가 필요 없는 관계대명사이다. 관계대명사의 상세 설명은 12장에서 계속된다.

who : 주어 역할을 하는 관계대명사

This is the boy **who** saw the accident. 이 아이가 그 사건을 목격한 소년이야.

This is the book **which** I bought yesterday. 이것이 내가 어제 산 책이야.

which : 목적어 역할을 하는 관계대명사

I saw a man and his dog **that** are running together.
나는 함께 달리고 있는 한 남자와 그의 개를 보았어.

I told you **what** I heard. 나는 내가 들은 바를 너에게 말해 주었어.

what : 선행사를 포함한 관계대명사

Exercises

A. 문맥에 맞는 것을 고르시오.

1. All you can do (is, are) to wait.

2. We enjoyed (ourself, ourselves) at the party.

3. I like red wine better than white (one, X)

4. I have three books. One is mine.

   (Others, The other, The others) are yours.

5. Look at (his, him) and his dog.

6. If you have (any, some) ideas, please tell me.

7. To be or not to be, (it, that) is the question.

8. I repaired it (myself, yourself).

9. Do you need a pencil? – Yes, I need (it, one).

10. (That, It) is getting cloudy.

- Answers

1. is (all이 사물을 나타냄) 네가 할 일은 기다리는 것이다.
2. ourselves (we의 재귀대명사는 ourselves) 우리는 파티에서 즐거운 시간을 보냈다.
3. X (불가산명사는 one을 생략함) 나는 백포도주보다 적포도주를 더 좋아한다.
4. The others (나머지 전부는 the others)
   나에게 책 세 권이 있다. 하나는 나의 것이다. 나머지는 모두 너의 것이다.
5. him (목적어 자리에 인칭대명사 목적격이 와야 함) 그와 그의 개를 보아라.
6. any (if절에는 any를 써야 함) 무슨 묘안이라도 있으면, 부디 말해 주시오.
7. that (앞 문장의 구를 받을 때는 that을 씀)
   사느냐 죽느냐, 그것이 문제다.
8. myself (주어를 강조하는 용법으로 myself) 내 자신이 그것을 수선했다.
9. one (a + 명사 = one, the + 명사 = it) 연필이 있니? –하나 필요한데.
10. It (날씨를 나타내는 비인칭주어 It) 날씨가 점점 흐려지고 있다.

B. 다음 우리말에 맞는 표현을 고르시오.

1. 또 다른 것을 보여 주세요.

    (   )Show me other.

    (   )Show me another.

2. 사람은 정직해야 한다.

    (   )One should be honest.

    (   )Ones should be honest.

3. 차를 마시겠어요 아니면 커피를 마시겠어요? –아무것도 안 마실 거예요.

    Would you like tea or coffee? – (Either, Neither), thanks.

4. 어느 분이 너의 선생님이니?

    (   )Which is your teacher?

    (   )What is your teacher?

    (   )Who is your teacher?

5. 지난 겨울엔 눈이 많이 왔었지.

    (   )I had much snow last winter.

    (   )We had much snow last winter.

- -

● Answers

1. Show me another. (같은 종류의 다른 것은 another)
2. One should be honest. (일반적인 사람을 나타낼 때는 one)
3. Would you like tea or coffee? – Neither, thanks.
   (둘 중 아무것도 아니라고 할 때는 neither를 씀)
4. Which is your teacher? (선택의문문은 which를 씀)
5. We had much snow last winter. (문맥상 일반적인 사람들을 칭하므로 we를 써야 함)

PART 2

동사의 시제

어떤 일이 일어난 시간의 앞 또는 뒤를 표시하는 것으로,
현재, 과거, 미래, 완료시제 등이 있다.

완료 시제

과거, 현재, 미래의 시간이
서로 연속성을 갖는 시제를 말한다.

조동사

동사 앞에 와서 동사의 의미를
도와주는 역할을 한다.

chapter 04 동사의 시제 Tenses

영어의 거의 모든 문장에는 동사라는 것이 있어요. 흔히 동사를 그 기능과 쓰임에 따라 자동사, 타동사, 조동사, 상태동사, 동작동사, 준동사라는 등의 말을 하는데요. 자동사와 타동사는 목적어의 수반 여부와 관련이 있어요.

이 장에서 공부하게 될 시제란 무엇을 말하는 것일까요? 시제란 어떤 일이 일어난 시간의 앞 또는 뒤를 말하는 것이에요. 즉 시간의 연속성 또는 동작이나 상태의 완성을 보여주는 표현법이죠. 우리말에 현재, 과거, 미래의 기본시제가 있듯이, 영어에도 이런 기본시제가 있을 뿐만 아니라, 이 외에도 우리 말에 없는 완료시제라는 것이 있어요. 따라서 이해하기가 다소 난해한 시제이죠. 완료시제는 따로 장(15장)을 마련해서 자세히 공부할 거예요.

A May I ask your job?

B I'm an actor. But I will be a movie director someday. How about you?
   현재시제   미래시제

A I'm a writer. Actually when I was young, I wanted to be an actor.
                              과거시제   과거시제

> A 직업을 여쭤봐도 될까요?
> B 배우예요. 하지만 언젠가는 영화감독이 될 거예요. 당신은요?
> A 전 작가예요. 실은 어렸을 때, 배우가 되고 싶었죠.

다음 표로 영어의 12가지 시제, 즉 기본시제 3가지, 완료시제 3가지, 진행시제 6가지를 정리해보죠.

기본시제	현재	I wash the car.	세차한다
	과거	I washed the car.	세차했다
	미래	I will wash the car.	세차할 것이다
완료시제	현재완료	I have washed the car.	막 세차했다
	과거완료	I had washed the car.	막 세차했었다
	미래완료	I will have washed the car.	다 세차할 것이다
진행시제	현재진행형	I am washing the car.	세차하고 있다
	과거진행형	I was washing the car.	세차하고 있었다
	미래진행형	I will be washing the car.	세차하고 있을 것이다
	현재완료진행형	I have been washing the car.	계속 세차하고 있다
	과거완료진행형	I had been washing the car.	계속 세차하고 있었다
	미래완료진행형	I will have been washing the car	계속 세차하고 있을 것이다

이제 본격적으로 12가지 시제를 쓰는 다양한 구문들을 살펴보기로 해요.

I. 현재 시제 Present Simple

현재시제는 가장 흔히 쓰이는 일반적인 시제로 현재의 사실이나 습관 또는 고정 불변하는 진리 등을 나타낼 때 쓰인다. 현재시제는 주어의 인칭과 수에 따라 동사의 원형 또는 3인칭 단수형이 사용된다.

● be 동사 : 주어의 인칭에 따라 달라진다.

I am tall.

You are short.

you는 단수든 복수든 항상 are를 씀

He / She / It is great.

We / They are friends.

동사의시제

● 일반동사 : 주어의 인칭에 따라 동사의 원형을 쓰거나 원형에 -s 또는 -es를 붙인다.

I know that.

You know that.

He / She knows that.

We / They know that.

● 부정문 만들기 : be 동사는 동사 뒤에 not을 붙이고, 일반동사는 〈do not[don't]+동사원형〉
또는 〈does not[doesn't]+동사원형〉으로 변한다.

You are funny.

→ You **are not** funny.　너는 웃기지 않아.

You have a brother.

→ You **don't have** a brother.　너는 남자형제가 없잖아.

She has a brother.

→ She **doesn't have** a brother.　그녀는 남자형제가 없어.

● 의문문 만들기 : be 동사는 주어와 동사를 도치시키고, 일반동사는 〈Do/Does+주어+동사의
원형〉의 형태를 취한다.

He is sick.

→ **Is he** sick?　그가 아프니?

They study English.

→ **Do they study** English? 그들이 영어를 공부하니?

He reads a book.

→ **Does he read** a book? 그가 책을 읽니?

이제 현재시제를 쓰는 구문의 특징을 살펴보기로 한다.

● 현재의 동작이나 상태를 나타낸다.

> I **drive** a bus. 나는 버스를 운전해.　　　　　동작
>
> I **am** a bus driver. 나는 버스 기사야.　　　　상태

● 현재의 반복적인 습관이나 직업을 나타낸다.

> I usually **get up** at 7. 나는 대개 7시에 일어나.　습관
>
> I **work** in a bank. 나는 은행에서 일해.　　　　직업

● 고정 불변하는 진리나 격언 또는 시간의 제약을 받지 않는 수학, 과학, 기술을 표현한다.

> The sun **rises** in the east. 태양은 동쪽에서 뜬다. 진리
>
> Walls **have** ears. 낮에는 새가 듣고 밤에는 쥐가 듣지. 속담
>
> Two and two **is** four. 2 더하기 2는 4야. 수학적 사실

● 왕래 발착동사와 함께 쓰일 경우 미래시제를 대신한다. 왕(go), 래(come), 발(leave, start), 착(arrive) 등의 동사는 미래를 나타내는 부사나 부사구와 함께 쓰여 현재시제로 미래의 의미를 나타낸다.

in an hour : 미래를 나타내는 부사구

The last train **arrives** in an hour.

= The last train will arrive in an hour.

　　막차는 1시간 후에 도착해.

next week : 미래를 나타내는 부사구

He **comes** home next week.
= He will come home next week.
　　그는 다음 주에 집에 와.

tonight : 미래를 나타내는 부사

I **leave** tonight.
= I will leave tonight.
　　나는 오늘 밤에 떠나.

● 시간을 나타내는 부사절에서 미래시제를 대신한다. 하지만 명사절과 형용사절에서는 미래시제
를 써야 한다.

Please call me, when you arrive there. 그곳에 도착하면 전화해 줘.

when이 시간을 나타내는 부사절이므로 미래시제를 쓰면 안 된다. 이제 구조가 유사한 다음의
문장들을 비교해보자.

I'll tell him **when** he **gets** home. 그가 돌아오면 그에게 말할 거야.　　**부사절**

➡when 이하는 시간을 표시하는 부사절을 나타내어 현재시제 gets가 미래를 의미한다.

Tell me **when** he **will leave**. 그가 언제 떠날 지 말해 줘.　　**명사절**

➡when 이하는 타동사 tell의 목적어(직접목적어)로 명사절을 이끌고, 명사절에서는 미래시제를
　사용해야 한다.

Tell me the time **when** he **will leave**.　　**형용사절**
그가 떠나는 시간을 말해 줘.

➡when 이하는 선행사 the time을 수식하는 관계부사로 형용사절이다. 형용사절에서도 미래
시제를 사용해야 한다.

● 조건을 나타내는 부사절에서 미래시제를 대신한다.

If it rains tomorrow, I won't go out. 내일 비가 오면, 나가지 않을 거야.

하지만 명사절에서는 미래시제를 써야 한다. 다음은 부사절과 명사절을 비교해 놓은 예문이다.

We can play the game **if** he **gets** home before 9.　부사절
만약 그가 9시 전에 들어오면 우리는 게임을 할 수 있어.

I want to know **if** he **will get** home before 9.　　명사절
그가 9시 전에 들어올 지 어떨지 알고 싶어.

명사절에서는 if 이하가 타동사 know의 목적어이므로 반드시 미래시제를 써야 한다. 시간과 조건을 나타내는 부사절에서 현재시제가 미래를 의미한다는 내용은 시험에 단골로 출제되므로 잘 기억해 두어야 한다.

2. 과거 시제 Past Simple

과거시제는 현재의 순간 이전에 일어난 과거의 일을 표현할 때 쓰는 시제를 말한다. 과거의 동작이나 상태, 과거의 사실을 말할 때 과거시제를 사용한다.

● be 동사는 단수일 때 was, 복수일 때 were를 쓴다.

I was sad.

You were sad.

> You는 단수든 복수든 항상 were를 씀

He / She was sad.

They / We were sad.

● 일반동사는 동사 뒤에 -d 또는 -ed를 붙인다.

I love**d** you.　나는 너를 사랑했어.

I clean**ed** your room.　내가 네 방을 청소했어.

I **caught** a cold.　나 감기에 걸렸어.

> caught는 catch의 과거

● 일반동사가 〈자음+y〉로 끝난 경우에는 -ied로 , 〈모음+y〉로 끝난 경우에는 -yed로 바꾼다.

> He carr**ied** heavy boxes. 그는 커다란 상자들을 운반했어.
>
> They pla**yed** soccer. 그들은 축구를 했어.
>
> We sta**yed** at a hotel. 우리는 호텔에서 묵었어.

그러나 불규칙적으로 변하는 동사들이 있는데, 이런 동사들은 따로 암기해야 한다.

● **부정문 만들기** : be 동사는 동사 뒤에 not을 붙이고, 일반동사는 〈did not [didn't]+동사원형〉
으로 변한다.

> I was hungry.
>
> → I **wasn't** hungry. 나는 배고프지 않았어.

> I tried hard.
>
> → I **didn't try** hard. 나는 열심히 노력하지 않았어.

● **의문문 만들기** : 동사는 도치시키고, 일반동사는 〈Did+주어+동사의 원형〉의 형태를 취한다.

> He was cool.
>
> → **Was he** cool? 그는 멋졌니?

> They went to the park.
>
> → **Did they go** to the park? 그들은 공원에 갔니?

이제 과거시제를 쓰는 구문의 특징을 살펴보기로 한다.

● 과거의 동작이나 상태를 나타낸다.

> I **played** soccer yesterday. 나는 어제 축구를 했어.   동작
>
> I **was** born in 1990. 나는 1990년에 태어났어.   상태
>
> I **lived** there for a year. 나는 거기에서 일년 동안 살았어.   상태

규칙적으로 변하는 동사와 불규칙적으로 변하는 동사들을 정리해 주세요.

동사에는 규칙적으로 변하는 동사와 불규칙적으로 변하는 동사가 있지요. 규칙적으로 변하는 동사는 기본적인 몇 가지 규칙을 기억하면 되는데요. 불규칙적으로 변하는 동사는 변화형을 모두 암기해야 하는 번거로움이 있어요. 하지만 동사의 변화형을 알아야 완료구문, 가정법, 수동태, 분사 등 문법적으로 어려운 부분에서 동사로 인해 또 다른 고생을 하지 않아요.

● **규칙동사**

⋯ 동사가 –e로 끝난 경우에는 d만 붙인다.

  move-moved, like-liked, prepare-prepared, love-loved, smile-smiled,
  arrive-arrived 등

⋯ 동사 뒤에 –ed를 붙인다.

  help-helped, work-worked, wash-washed, visit-visited, happen-happened 등

⋯ 〈자음+y〉로 끝난 경우에는 y를 i로 바꾸고 ed를 붙인다.

  study-studied, hurry-hurried, try-tried, apply-applied, carry-carried,
  bury-buried 등
  하지만 〈모음+y〉로 끝난 경우에는 y를 i로 바꾸지 않고 ed를 붙인다.
  play-played, destroy-destroyed, enjoy-enjoyed, stay-stayed 등

⋯ 〈단모음+단자음〉으로 끝난 경우에는 같은 자음을 하나 더 쓰고 ed를 붙인다.

  plan-planned, rub-rubbed, stop-stopped, pat-patted, beg-begged 등

⋯ 2음절 동사에서 강세가 마지막 음절에 올 경우 같은 자음을 하나 더 쓰고 ed를 붙인다.

  regret-regretted, permit-permitted, prefer-preferred, commit-committed 등

● **불규칙동사**

⋯ 원형, 과거, 과거분사가 모두 같은 변화를 보이는 불규칙동사

원 형	뜻	과 거	과거분사
cut	자르다	cut	cut
hurt	다치게 하다	hurt	hurt
put	놓다	put	put
read	읽다	read	read
shut	닫다	shut	shut
cost	값이 ~들다	cost	cost
hit	치다	hit	hit
spread	펼치다	spread	spread

···▸ 과거와 과거분사가 같은 변화를 보이는 불규칙동사

원 형	뜻	과 거	과거분사
send	보내다	sent	sent
bend	구부리다	bent	bent
lend	빌려주다	lent	lent
mean	의미하다	meant	meant
bleed	피 흘리다	bled	bled
strike	때리다	struck	struck
bring	가져오다	brought	brought
catch	잡다	caught	caught
find	발견하다	found	found
sit	앉다	sat	sat

동사의 시제

···▸ 원형, 과거, 과거분사가 모두 다른 변화를 보이는 불규칙동사

원 형	뜻	과 거	과거분사
do	하다	did	done
come	오다	came	come
swim	수영하다	swam	swum
sing	노래하다	sang	sung
give	주다	gave	given
eat	먹다	ate	eaten
drink	마시다	drank	drunk
run	달리다	ran	run
write	쓰다	wrote	written
see	보다	saw	seen
lie	눕다	lay	lain
lay	놓다	laid	laid
rise	일어나다	rose	risen

● 과거의 습관을 나타낸다. 또한 used to 는 과거의 규칙적인 습관을 나타내고, would는 과거의 불규칙적인 습관을 나타낸다.

> When I was in England, I **ate** fish and chips.
>> 내가 영국에 있을 때, 나는 생선과 감자튀김을 먹었지.
>> ➜ 우연히 몇 번 먹은 것이 아니라 습관적으로 자주 먹었다는 것을 나타낸다.

> I **used to** go to the movies once a week.
>> 나는 예전에 일주일에 한번씩 영화를 보러 가곤 했지.

> We **would** sing for hours together.
>> 우리는 곧잘 몇 시간이고 같이 노래를 부르곤 했지.

● 역사적인 사건은 과거시제를 쓴다.

> Korean War **broke out** in 1950.　　한국 전쟁은 1950년에 발발했어.

> break-broke-broken : break out은(전쟁, 폭동, 화재 등이) 일어나다, 발생하다

> Japan **ruled** over Korea for 36 years.　　일본이 한국을 36년 동안 지배했어.

3. 미래 시제 Future Tense

말하는 시점을 중심으로 앞으로 다가올 일을 표현할 때 미래시제를 쓴다. 가장 대표적인 표현이 will과 shall이다. 이외에도 미래시제를 나타내는 표현으로 현재, 현재진행형, be going to 등이 있다. will과 shall에 대한 설명에 들어가기에 앞서, 현재시제와 현재진행형 시제로 미래를 표현하는 구문과 be going to의 구문을 간단하게 살펴보기로 한다.

> I **leave** tomorrow.　　　　현재시제
>
> I **am leaving** tomorrow.　　현재진행형 시제
>
> I **will leave** tomorrow.　　미래시제
>> 나는 내일 떠날 거야.

왕래발착동사인 leave와 같이 쓰일 경우에는 위 세가지 시제 모두 같은 의미이다. 하지만 다음을 비교해보자.

① I'm **working** tomorrow.

② I'**m going to** work tomorrow.

③ I **work** tomorrow.　　　(X)

④ I **will work** tomorrow.

　　　나는 내일 일할 거야.

①의 현재진행형 시제와 ②의 be going to 구문은 미래의 일을 미리 계획해서 쓰는 표현으로 서로 바꾸어 쓸 수 있다. 그러나 ③의 동사 work은 왕래발착동사가 아니므로 미래를 나타내는 tomorrow와 같이 쓸 수가 없다. 또한 ④의 will은 주어의 의지가 들어 있는 표현으로 ①②의 사전 계획한 미래 표현과는 그 의미가 다르다. 다음 예문으로 한번 더 확인해 보자.

⑤ I **am going to** play soccer this afternoon.

⑥ I **will** play soccer this afternoon.

　　　나는 오늘 오후에 축구를 할 거야.

우리말 해석으로 보아서는 ⑤와 ⑥의 문장도 역시 의미가 같아 보인다. 둘 다 미래를 나타내는 표현이지만 ⑤는 미리 사전에 계획을 한 경우이고, ⑥은 화자의 의지가 강하게 들어 있는 표현이다. 혹은 말을 하는 순간에 내리는 결정일 수도 있다. 그렇다면 다음의 경우는 어떤가?

⑦ The phone is ringing. I'll get it.　　　(O)

⑧ The phone is ringing. I'**m going to** get it.(X)

　　　전화가 울리네. 내가 받을게.

⑦의 will은 말을 하는 순간에 결정을 내리는 표현이고, ⑧의 be going to는 미래의 일을 미리 계획하는 경우에 쓰는 표현이므로 올바른 표현이 아니다.

그러면 이제 will과 shall에 대해서 공부해 보자. 우선, 다음 표로 단순히 미래를 나타내는 경우와 말하는 사람이나 듣는 사람 또는 주어의 의지에 따라서 달라지는 will/shall를 정리해 보자.

		1인칭	2인칭	3인칭
단순미래	평서문	I will	You will	He/She will
	의문문	Will / Shall I ~?	Will you ~?	Will he /she ~?
말하는 사람의 의지	평서문	I will	You will	He/She shall
주어의 의지		I will	You will	He / She will
상대방의 의지	의문문	Shall I ~?	Will you ~ ?	Shall he/she ~ ?

67

● will

will은 미래를 나타내는 조동사이다. 아직 일어나지 않은 앞으로의 일을 표현하는 단순미래로 「~일 것이다」의 뜻이다. 보통 2인칭과 3인칭에서는 will을 쓰고, 1인칭에서는 shall을 쓰나, 미국영어에서는 이의 차이를 두지 않고 will을 쓴다.

단순미래일 경우

You will enjoy the party. 파티는 즐거울 거야.

I shall / will be 20 tomorrow. 나는 내일 스무 살이 돼.

말하는 사람의 의지를 나타낼 경우 : 1, 2, 3인칭 주어의 평서문에 쓰여 「~하겠다, ~할 작정(생각)이다」의 뜻이다.

I will go there tomorrow. 나는 내일 그곳에 가겠어.

You will report to him. 그에게 보고하시오.

He will force it. 그가 그것을 강요하려고 해.

상대방의 의지를 나타낼 경우 : 2인칭 주어의 의문문에 쓰여 「~하겠습니까?, ~할 작정입니까?」의 뜻이다.

Will you do that? 그렇게 하시겠습니까?

Where **will you** stay? 어디에서 지내실 생각인가요?

● shall

단순미래로 쓰인 경우 : 1인칭 평서문에서 「~일 것이다, ~할 예정이다」의 뜻이다. 하지만 이 의미로 쓰이는 구문에서는 will로 대체해서 쓰고 있는 경우가 많다.

I shall start tomorrow. 내일 출발할 거야.

= **I will** start tomorrow.

We shall miss you. 네가 보고 싶을 거야.

= **We will** miss you.

🐝 말하는 사람의 의지로 쓰인 경우 : 2, 3인칭 주어의 평서문에서 「~시키겠다, ~하게[하도록] 하겠다, 했으면 한다, 해도 좋다」의 뜻이다.

You shall have it. 네가 그것을 가졌으면 해.

= I will give it to you.

= I want you to have it.

He shall do it. 그에게 그것을 하도록 시키겠어.

= I will let him do it.

동사의시제

🐝 상대방의 의지 또는 상대방에게 하는 제안으로 쓰인 경우 : 1·3인칭 주어의 의문문에서 「~할까 요?, ~시킬까요?」의 뜻이다.

Shall I call you later? 나중에 전화할까요?

Shall he come in? 그들 들어오게 할까요?

Shall we go? 가실까요?

 ## 4. 진행형 시제 Progressive Tense

진행형이란 어느 시점에서 동작이 진행 중에 있음을 나타낸다. 현재 시점에서 동작이 계속되면 현재진행형, 과거 시점에서 동작이 계속되면 과거진행형, 미래 시점에서 동작이 계속되면 미래진 행형이라고 한다. 진행형의 형태는 〈be+~ing〉이며, 「~을 하고 있는 중이다」의 뜻이다.

시 제	형 태
현재진행형	am / are / is + ~ing
과거진행형	was / were + ~ing
미래진행형	will be + ~ ing

● 현재진행형

현재진행형은 지금 현재의 시점에서 동작이 계속 진행 중에 있음을 말한다.
뜻은 「지금 ~을 하고 있는 중이다」이다.

> **I eat.** 나는 먹는다.
>
> **I am eating.** 나는 먹고 있다.

〈먹는다〉의 〈I eat.〉은 〈지금 먹고 있는 중이다〉의 〈I am eating.〉에 비하면 문장의 생생함이
떨어진다. 전자가 순간적인 현재라면, 후자는 진행중인 현재이다. 어떤 일이 진행 중에 있다는
것은, 말의 현장감이 느껴지고 문장의 생생함이 살아난다는 것을 의미한다.

🗫 현재 진행되고 있는 동작을 나타낸다.

> It **is raining**. 비가 내리고 있네.
>
> What **are** you **doing** now? 너 지금 뭐하고 있니?
>
> I'**m cooking**. 요리하고 있어.

🗫 현재의 반복적인 습관을 나타낸다. always와 함께 쓰여 습관적인 동작에 대한 불만을 표시
한다.

> He **is always watching** TV. 그는 언제나 TV만 본다니까.
>
> She is never satisfied. She'**s always complaining**.
> 그녀는 도무지 만족을 몰라. 언제나 불평만 한다니까.
>
> You **are always making** mistakes.
> 너는 언제나 실수만 저지르는구나.

🗫 왕래발착동사와 함께 쓰여 가까운 미래를 나타낸다. 이때 미래를 나타내는 부사나 부사구와
함께 쓰인다.

> They **are arriving** here next Sunday.
> 그들이 다음 주 일요일에 여기에 도착할 거야.
>
> She **is leaving** for Rome tonight. 그녀는 오늘 밤 로마로 떠나.

● **과거진행형**

과거진행형은 과거의 어느 한 시점에서 동작이 계속 진행 중에 있음을 말한다.
뜻은 「그때 ~을 하고 있는 중이었다」이다.

> We **were enjoying** the party. 우리는 파티에서 즐거운 시간을 보내고 있었지.

> I **was reading** all day long. 나는 하루 종일 책을 읽고 있었어.

다음 두 문장의 시제는 각각 과거와 과거진행형인데, 이들의 차이점을 알아보기로 한다.

> ① When he got home, we **had** dinner.
> 그가 집에 도착했을 때, 우리는 저녁을 먹었지.

> ② When he got home, we **were having** dinner.
> 그가 집에 도착했을 때, 우리는 저녁을 먹고 있었어.

①은 그가 도착하고 나서 저녁을 먹었다는 내용이고, ②는 그가 도착했을 때 이미 저녁식사를 시작했다는 말이다. 그가 도착하기 전에 시작된 저녁식사는 그가 도착해서도 계속되고 있었는데, 이처럼 어떤 동작이 과거의 어느 한 시점에서 계속되는 시제를 과거진행형이라고 말한다.

● **미래진행형**

미래진행형은 미래의 어느 한 시점에서 동작이 계속 진행 중에 있음을 말한다.
뜻은 「~을 하고 있을 것이다」이다.

> Don't call me between 7 and 8. We **will be having** dinner then.
> 7시와 8시 사이에 전화하지마. 우리는 그때 저녁을 먹고 있을 거야.

> This time next week I'**ll be swimming** in the sea.
> 다음 주 이 시간에 나는 바다에서 수영하고 있을 거야.

● **진행형을 쓸 수 없는 동사**

진행형을 쓸 수 있는 동사는 동작이나 어떤 일이 일어나고 있는 상황일 경우에만 가능하다. 예를 들어 know, like는 동작동사가 아니라 상태동사이다. 이러한 상태동사들은 진행형을 만들 수 없다.

> I am knowing it.　(X)
> I am liking you.　(X)
> I am wanting it.　(X)

이처럼 진행형을 쓸 수 없는 동사로는 상태동사 외에도 소유동사와 지각동사가 있다. look, love, hate, need, be, mean, resemble, prefer, understand, believe 등이 상태동사에 속하고, feel, see, smell, hear, taste 등이 지각/감각동사에 속하고, have, belong, possess, own 등이 소유동사에 속한다.

그녀는 어머니를 닮았어.

She resembles her mother.　　　상태동사

⇒ She is resembling her mother.　　(X)

너는 창백해 보여.

You look pale.　　　상태동사

⇒ You are looking pale.　　(X)

나는 너의 충고가 필요해.

I need your advice.　　　상태동사

⇒ I am needing your advice.　　(X)

나는 너를 이해해.

I understand you.　　　상태동사

⇒ I am understanding you.　　(X)

너는 신을 믿니?

Do you believe in God?

⇒ Are you believing in God?　　(X)

have가 '소유하다'의 뜻일 경우에는 상태동사이므로 진행형을 만들 수 없다. 하지만 그 외의 뜻으로 그 의미가 동작동사로 바뀌게 되면 진행형을 쓸 수 있게 된다.

나에게는 개 한 마리가 있어.

I have a dog.　　　소유동사

⇒ I'm having a dog.　　(X)

I have a hotdog.　나에게는 핫도그가 있어.

⇒ I'm **having** a hotdog.　나는 핫도그를 먹고 있어.

having은 eating과 같은 뜻임

우리는 즐거운 시간을 보내고 있어.

We have a good time.

⇒ We are having a good time.

이 차는 내 소유야.

This car belongs to me.   소유동사

⇒ This car is belonging to me.   (X)

지각동사의 see와 hear는 가만이 있어도 눈에 보이고 저절로 귀에 들려온다는 의미일 경우에는 진행형을 쓸 수가 없다. 하지만 이외의 다른 뜻으로 무엇을 구경하고, 청강하는 뜻으로 쓰이게 되면 진행형을 쓸 수 있게 된다. 이럴 경우 진행중인 동작을 나타낸다.

내 눈에 그가 청소하는 게 보여.

I see him cleaning.   지각동사

⇒ I am seeing him cleaning.   (X)

I am seeing pictures. 나는 그림을 구경하고 있어.

I am seeing a nice guy. 나는 멋진 사람을 만나고 있어.

저 소리 들리니?

Do you hear the sound?   지각동사

⇒ Are you hearing the sound?   (X)

I am hearing his lecture. 나는 그의 강의를 청강하고 있다.

I am listening to them. 나는 그들의 말을 경청하고 있어.

냄새 좋은데.

It smells good.   감각동사

⇒ It is smelling good.   (X)

그거 맛있니?

Does it taste good?   감각동사

⇒ Is it tasting good?   (X)

Exercises

A. 문맥에 맞는 것을 고르시오

1. I always (keep, kept) a diary.

2. Does he (likes, like) pizza?

3. (Shall, Will) you go there?

4. Look at the clouds. It (will, is going to) rain.

5. I (used to, would) write an essay once a day.

6. Did you (see, saw) him at the store?

7. They (moved, move) out last month.

8. The moon (went, goes) around the earth.

9. (Will, Shall) I open the window?

10. He (gived, gave) me a letter.

● Answers

1. keep (반복적인 습관은 현재시제) 나는 항상 일기를 쓴다.
2. like (Does+주어+동사의 원형) 그는 피자를 좋아하니?
3. Will (상대방의 의지를 나타내는 2인칭 의문문에서) 거기에 갈 거에요?
4. is going to (임박한 미래를 표현할 때는 be going to) 구름을 좀 봐. 금방이라도 비가 올 것 같아.
5. used to (과거의 규칙적인 습관) 나는 하루에 한번씩 에세이를 쓰곤 했다.
6. see (Did+주어+동사의 원형) 가게에서 그를 보았니?
7. moved (과거를 나타내는 부사구가 있으므로) 그들은 지난 달에 이사를 갔다.
8. goes (고정불변의 사실은 현재시제) 달이 지구를 돈다.
9. Shall (상대방의 의지를 물어볼 때에는 shall) 창문을 열까요?
10. gave (give의 과거는 gave) 그가 나에게 편지를 주었다.

B. 다음 우리말에 맞는 표현을 고르시오.

1. 네가 일을 다 하면, 나에게 알려 줘.
   - ( ) When you will finish your work, let me know.
   - ( ) When you finish your work, let me know.

2. 그녀더러 그 일을 하게 하겠다.
   - ( ) She will do it.
   - ( ) She shall do it.

3. 그녀는 항상 물건들을 잃어버린다.
   - ( ) She always loses things.
   - ( ) She is always losing things.

4. 그는 자고 있을 것이다.
   - ( ) He will sleep.
   - ( ) He will be sleeping.

5. 만약 그녀가 좋아지면, 나는 갈 수 있어.
   - ( ) If she gets better, I can go.
   - ( ) If she will get better, I can go.

● Answers

1. When you finish your work, let me know. 시간을 나타내는 부사절은 현재시제가 미래시제를 대신함.
2. She shall do it. 말하는 사람의 의지를 나타내는 경우로 2,3인칭에서는 shall을 써야 함.
3. She is always losing things. 현재진행형이 always와 함께 쓰여 동작의 습관적인 반복을 나타냄.
4. He will be sleeping. 미래진행형 시제가 와야 함.
5. If she gets better, I can go. 조건을 나타내는 부사절은 현재시제가 미래시제를 대신함.

05 완료시제 Perfect Tenses

완료시제는 우리말에 없는 시제라서 이해하기가 다소 어렵다고들 하는데요. 완료시제란 과거, 현재, 미래가 단순 시제가 아니라 서로 연속성을 갖는 시제이죠. 과거에 일어난 동작이나 상황이 지금 현재의 결과에 영향을 미치는 표현이에요. 말하는 시점은 지금 현재인데 동작이나 어떤 상황이 그 이전에 일어나서 현재 또는 미래까지 연속되는 시제를 말해요.

A Hi, Marsha. Is Jane here?

B Hi, Martin. She **has gone** out.　　　　　　　　현재완료의 결과
But she'll be back soon.
Come on in. Would you like something to eat?

A No, thanks. I **have just had** lunch.　　　　　현재완료의 완료

　Well, Marsha. How long **have** you **known** Jane?　현재완료의 계속

B Since a child. Why?

A I'm wondering if she **has ever been** to Chinatown. 현재완료의 경험

B Chinatown? Yes, she **has been** there with me once. 현재완료의 경험

A: 안녕, Marsha. Jane 있니?
B: 안녕, Martin. 걔 나갔는데. 하지만 금방 들어올 거야. 들어와. 뭐 좀 먹을래?
A: 아니. 이제 막 점심 먹었어.
　저기, Marsha. Jane이랑 안 지 얼마나 됐어?
B: 어렸을 때부터. 왜?
A: 걔가 차이나타운에 가 본 적이 있나 궁금해서.
B: 차이나타운? 응. 나랑 한번 가 본 적이 있는데.

시점이 과거에서 현재까지 연속되면 현재완료, 과거에서 그 보다 더 오래된 과거(대과거)와 연속되면 과거완료, 미래보다 앞선 시점에서 미래까지 계속되면 미래완료라고 하는 거에요. 이를 다음 표로 정리해 보죠.

시제	형태	시점
현재완료	has / have + p.p. (과거분사)	과거와 현재의 연결
과거완료	had + p.p. (과거분사)	과거와 대과거의 연결
미래완료	will + have + p.p. (과거분사)	미래 이전에서 미래까지의 연결

이번에는 예문을 통하여 완료구문을 익혀보기로 해요.

① I bought a car yesterday. 나는 어제 차를 샀어.   과거

② I **have bought** a car. 나는 차를 샀어.   현재완료

③ I bought a car yesterday and I have the car now.   과거+현재
나는 차를 샀고 지금 그 차를 갖고 있어.

①은 단순히 과거에 일어난 상황으로 단순과거 시점이에요. 어제 차를 샀다는 정보는 있으나 그 차를 지금 현재도 갖고 있는지는 알 수가 없죠. 반면 ②는 과거에 산 차를 현재도 지니고 있다는 의미가 내포되어 있어요. 이를 쉽게 풀어보면 ③의 문장이 되는데, 과거에 일어난 상황이 현재에까지 영향을 미치고 있음을 알 수 있죠. 이처럼 과거와 현재의 시점이 연결되어 있는 ②를 현재완료 구문이라고 하는 거에요.

④ He went to Spain last year. 그는 작년에 스페인에 갔어.

⑤ He **has gone** to Spain. 그는 스페인에 갔어.
→ He went to Spain, so he is not here now.
그는 스페인에 갔고, 그래서 지금 여기에 없어.

⑥ He **has been** to Spain. 그는 스페인에 갔다 온 적이 있어.
→ He went to Spain and came back from Spain.
And he's here now.
그는 스페인에 갔다가 돌아왔어. 그래서 지금 여기 있지.

④의 정보로는 그가 스페인에 가서 돌아왔는지 아직도 스페인에 있는지 알 수가 없어요. ⑤는 그가 과거에 스페인에 가서 지금 현재 여기에 없다는 의미로, 과거의 동작의 결과가 현재에 미치는 현재완료 구문의 결과용법이고요. ⑥은 과거에 그가 스페인에 갔는데, 갔다가 그 곳에서 돌아왔다는 의미에요. 즉 과거에 스페인에 갔다 온 적이 있다는 경험을 나타내는 현재완료 구문의 경험용법이죠.

여기서 잠깐

● 완료시제는 과거를 나타내는 부사와 함께 쓸 수 있나요?

완료시제는 과거 또는 그 이전의 과거와 연결성이 있거나 또는 시간의 연속성은 있지만, 시점은 항상 현재라서 과거를 나타내는 부사나 부사구와 같이 쓸 수는 없어요. ago, yesterday, last night 등은 분명히 과거를 나타내는 부사이기 때문이죠. 의문사 when 역시 과거시제와 같이 써야 해요.

When did you see him?　　　(O)
When have you seen him?　　(X)
그를 언제 보았니?

I met her five years ago.　　(O)
I have met her five years ago　(X)
5년 전에 그녀를 만났어.

완료구문은 완료, 경험, 계속, 결과의 4가지 용법이 있는데, 이제부터 완료구문 6가지의 시제와 그 용법을 각각 알아보기로 하죠.

I. 현재완료 Present Perfect

현재완료는 과거에 일어난 동작이나 상황을 현재와 연결하여 표현한다. 현재완료는 현재 이전 즉 과거에 일어난 동작이나 상황에서 출발은 하지만 시점은 항상 현재와 연결된다. 현재완료는 ⟨has/have+pp⟩의 구조를 취한다.

● 완료용법

완료용법은 과거에 행한 일이 현재에 끝이 났음을 나타낸다. 현재완료의 완료용법은 주로 just, already, yet, still 등의 부사와 같이 쓰인다.

He **has moved** into a new house. 그는 새 집으로 이사했어.

I **have** already **done** it. 이미 그걸 했는데.

I've : I have의 축약형

I've just **finished** it. 방금 그걸 끝냈어.

I **haven't seen** the movie yet. 아직 그 영화 못 봤어.

haven't : have not 의 축약형. 현재완료의 부정은 have 뒤에 not 또는 never를 붙임

완료시제

● 경험용법

현재완료의 경험용법은 과거에 한 경험이 현재까지 영향을 미쳐「지금까지 ~ 한 적이 있다」의 뜻이다. 주로 ever, never, once, before 등의 부사와 같이 쓰인다.

Have you ever **been** to Paris? 파리에 가 본 적이 있니?

I've never **played** golf before. 전에 골프 쳐 본 적이 없어.

I've **met** her once. 그녀를 한 번 만난 적이 있어.

I've **seen** the movie several times. 나는 몇 차례나 그 영화를 봤지.

He's never **eaten** kimchi. 그는 김치를 먹어 본 적이 없어.

● 계속용법

현재완료 계속용법은 과거의 상태가 현재까지 계속되는 것을 말한다. 현재완료 계속용법은 상태가 계속되는 경우를 나타낼 때 쓰고, 동작이 계속되는 경우에는 현재완료진행형을 쓴다. 뜻은「지금까지 계속 ~ 해 오고 있다」로 주로 for, since, how long, so far, for a long time 등과 함께 쓰인다.

I **have met** many people since I came here.
여기 온 이후로 사람들을 많이 만나고 있어.

We've **known** each other for ten years. 우리는 십 년 동안 알고 지냈지.

How long **have** you **lived** here? 여기에서 산 지 얼마나 되었니?

I **haven't seen** her for a long time. 나는 그녀를 오랫동안 보지 못했어.

● 결과용법

현재완료 결과용법은 과거에 한 행동이 현재에 그 결과를 미치는 것으로 「~한 결과 지금은 ~
하다」의 뜻이다.

I **have lost** my car key.   차 열쇠를 잃어 버렸어. (그래서 지금 내게 열쇠가 없어.)

She'**s gone** to London.   그녀는 런던에 갔어. (그래서 지금 여기 없어.)

I'**ve forgotten** his name.   그의 이름을 잊어 버렸어. (그래서 지금 기억 못해.)

- since와 for의 차이는 무엇인가요?

since나 for가 완료구문과 함께 쓰이면 과거에 시작된 일이 현재까지 계속되는 상황을 표
현해요. since 다음에 특정한 시간이 온다면, for 다음에는 시간의 지속 기간이 오죠.

She hasn't eaten anything **since** yesterday.
그녀는 어제 이후로 아무것도 먹지 않았어.

I've lived here **ever since** I was born.
나는 태어나서 줄곧 여기에서 살았어.
→ ever는 since를 강조하기 위해서 흔히 같이 쓰인다.

He's been sick **for** two months.
그는 두 달 동안 계속 아팠어.

2. 과거완료 Past Perfect

과거완료는 과거 이전의 시점(대과거)에서부터 과거의 어느 한 시점까지를 연결하는 시제이다.
현재완료와 마찬가지로 4가지 용법이 있으며, 〈had+pp〉구조를 취한다.

● 완료용법

> They **had** just **finished** dinner when I got there.
> 내가 도착했을 때 그들은 막 저녁을 끝냈어.

> I didn't go to the movie theater with them because I **had** already **seen** the movie.
> 나는 이미 그 영화를 보았기 때문에 그들과 같이 극장에 가지 않았어.

● 경험용법

> I **had been** there many times. 나는 그곳에 여러 차례 갔었지.

> He **had** never **flown** the flight until then.
> 그는 그때까지 비행기를 타 본 적이 없었어.

● 계속용법

> She **had been** sick for a year. 그녀는 일년 동안 아팠었어.

> My room was dirty. I **hadn't cleaned** my room for two weeks.
> 내 방은 더러웠어. 나는 2주 동안 내 방을 청소하지 않았었지.

● 결과용법

> He **had lost** his bike. 그는 자전거를 잃어 버렸었지.

> When I got there, he **had gone** home.
> 내가 거기에 갔을 때, 그는 집에 가고 없었어.

3. 미래완료 Future Perfect

미래완료는 미래의 시점보다 앞 선 시점 즉, 현재나 과거 또는 대과거의 시점에서 미래에 이르기까지의 시점을 연결하는 시제이다. 미래완료는 〈will+have+pp〉의 구조를 취한다.

● 완료용법

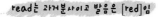
read는 과거분사이고 발음은 [red]임

I **will have read** this book tonight. 오늘 밤까지는 이 책을 다 읽을 거야.

We **will have cleaned** the house when you get home.
네가 돌아올 때에는 집을 다 청소했을 거야.

● 경험용법

If I see this movie once more, I **will have seen** it three times.
내가 이 영화를 한번 더 보면, 세 번 보는 셈이 될 거야.

If I get up late again, I **will have missed** my train five times.
또 늦잠 자면, 나는 다섯 번이나 기차를 놓치게 될 거야.

● 계속용법

We **will have known** each other for 10 years next year.
내년이면 우리가 알게 된 지 10년이 되는 셈이야.

I **will have worked** in this company for 5 years by next month.
다음 달이면 나는 이 회사에서 5년 동안 일한 게 되지.

● 결과용법

I **will have gone** to work at 9. 9시에 나는 일하러 가고 없을 거야.

We **will have gone** to Europe by this time tomorrow.
내일 이맘때면 우리는 유럽에 가 있을 거야.

4. 현재완료진행형 Present Perfect Progressive

완료진행형은 완료구문에 진행형구문이 합쳐진 것이다. 완료형태 〈have+pp〉에 진행형형태 〈be+~ing〉가 더해진 〈have been+~ing〉가 현재완료진행형의 형태이다. 완료진행형은 동작의 계속을 나타낸다. 앞 장에서도 언급했듯이, 동사에는 상태동사와 동작동사가 있는데 상태동사는 진행형을 만들지 못한다. 따라서 동작의 계속을 나타내는 완료진행형 구문에서는 상태동사를 쓸 수 없다. 현재완료진행형은 과거의 어느 시점에서 현재까지의 동작의 계속을 나타낸다.

완료시제

> I **have been learning** English since then.
>> 그때 이후로 계속 영어를 공부하고 있어.
>
> It **has been raining** for a week. 일주일 동안 계속 비가 내리고 있어.

 5. 과거완료진행형 Past Perfect Progressive

과거완료진행형은 〈had been+~ing〉의 형태를 취하고 과거 이전의 시점에서 과거의 시점까지의 동작의 계속을 나타낸다.

> I **had been learning** English since then.
>> 그때 이후로 계속 영어를 공부하고 있었지.
>
> It **had been raining** for a week. 일주일 동안 계속 비가 내리고 있었지.

 6. 미래완료진행형 Future Perfect Progressive

미래완료진행형은 〈will have been+~ing〉의 형태를 취하고 미래 이전의 시점에서 미래까지의 동작의 계속을 나타낸다.

> I **will have been learning** English by the time you get home.
>> 네가 돌아올 때쯤에도 나는 계속 영어를 공부하고 있을 거야.
>
> It **will have been raining** for a week by tomorrow.
>> 내일까지 비가 내리면 일주일째 비가 내리는 셈이 될 거야.

Exercises

A. 문맥에 맞는 것을 고르시오

1. I haven't seen her (since, for) that morning.

2. I (am reading, have read) it for a week.

3. She's on vacation. She's (gone to, been to) Rome.

4. I (saw, haven't seen) her for a year.

5. I have already (been, gone) to the bank.

6. This is the first time I (drive, have driven) a car.

7. I haven't done my work (already, yet).

8. He is not here. He has (been, gone) out.

9. They haven't talked to her (since, for) three years.

10. I (waited, have waited) since then.

● Answers

1. since (특정 시간 앞에는 since) 그 날 아침 이후로 그녀를 보지 못했다.
2. have read (일주일 전부터 지금까지 읽고 있으므로 현재완료구문) 나는 일주일 동안 그것을 읽고 있다.
3. gone to. (휴가 가고 현재 여기 없으므로 현재완료구문의 결과용법)
   그녀는 휴가 중이야. 로마에 가고 없어.
4. haven't seen (일년이라는 기간의 계속을 나타내는 완료구문) 나는 일년 동안 그녀를 보지 못했다.
5. been (주어가 I 이므로 내가 어디 가서 없다고 말할 수가 없으므로 gone은 불가)
   나는 이미 은행에 갔다 왔다.
6. have driven (경험을 나타내는 완료구문) 내가 운전을 해보기는 이번이 처음이다.
7. yet (yet은 부정문에서 쓰여 「아직 ~ 않다」의 뜻) 나는 아직 일을 다 하지 못했다.
8. gone (현재완료의 결과용법) 그는 여기에 없다. 밖에 나가고 없다.
9. for (for 다음에는 시간의 기간이 옴) 그들은 그녀에게 3년 동안 말을 하지 않았다.
10. have waited (그때 이후로 계속되고 있으므로 현재완료) 나는 그때 이후로 계속 기다렸다.

B. 다음 우리말에 맞는 표현을 고르시오.

1. 나는 그 장소를 잊어 버렸다. (그래서 지금 생각이 안 난다.)
   (　　) I forgot the place.
   (　　) I've forgotten the place.

2. 휴대폰을 잃어 버려서 지금 가지고 있지 않아.
   (　　) I lost my cell phone.
   (　　) I have lost my cell phone.

3. 이제 막 여기에 도착했다.
   (　　) I arrived here.
   (　　) I have just arrived here.

4. 나는 1999년에 아프리카에 갔었다.
   (　　) I went to Africa in 1999.
   (　　) I've been to Africa in 1999.

5. 풀장에서 계속 수영하고 있었니?
   (　　) Have you ever swum in the pool?
   (　　) Have you been swimming in the pool?

● Answers

1. I've forgotten the place.   과거에 한 일이 현재에 그 결과를 미치는 완료구문을 써야 한다.
2. I have lost my cell phone.   잃어버려서 지금 현재 가지고 있지 않으므로 완료구문의 결과용법이다.
3. I have just arrived here.
   막 ~했다고 했으므로 단순히 과거를 말하는 것이 아니므로 완료구문을 써야 한다.
4. I went to Africa (in 1999).   in 1999는 과거에 일어난 일이므로 단순과거시제를 써야 한다.
5. Have you been swimming in the pool?   동작동사의 계속은 완료진행형 구문을 쓴다.

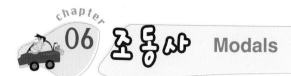

chapter 06 조동사 Modals

조동사는 동사 앞에 와서 동사의 의미를 도와주는 일을 해요.

A **May** I borrow your car? 허가

B Sorry, you **can**'t. It's not my car. 가능
I **must** ask my brother. 의무

A **Will** you ask him for me? 요청

B OK. But don't be upset if he **should** say no. 가정법

A No, I **would**n't. Thanks. 가정법

A 네 차 좀 빌려줄 수 있니?
B 안되겠는데. 내 차가 아니야.
형에게 물어봐야 해
A 좀 부탁해줄래?
B 그래, 근데 만에 하나 형이 거절해도 속상해하지 마라.
A 그래, 안 그럴게. 고마워.

조동사는 크게 두 부류로 분류해요. be, do, have 등 자체에 의미가 없는 조동사(auxiliary verb)와 can, will, would, could, may, might, must, have to, shall, should 등 자체에 특별한 의미를 지닌 조동사(modal verb)를 말하는데요. 전자의 조동사는 시제나 인칭에 따라 변하지만, 후자의 조동사는 인칭에 따른 영향을 받지 않아요. 이러한 조동사들에 대하여 일반동사를 본동사라고 부르는 거죠.

> I **am** running.
>
> She **does**n't like apples.
>
> I **did**n't do that.
>
> They **have** gone.

be동사는 진행형시제를 만들 때 또는 수동태 문장으로 전환할 때 사용해요. do, does, did는 일반동사를 부정문이나 의문문으로 만들 때에 사용하죠. have, has, had는 완료구문을 만들 때 사용해요. 이처럼 조동사들은 실제의 동사 즉 본동사를 보완하는 일을 해요.

> I **go.** 나는 간다.

위 문장은 주어와 동사만으로도 완전한 문장이죠. 그런데 동사 앞에 조동사를 넣어 여러 다양한 의미를 갖게 하는 거에요.

> I **must** go. 나는 가야 해.   **의무**
>
> I **will** go. 나는 갈 거야.   **의지 또는 미래**
>
> I **can** go. 나는 갈 수 있어.   **가능 또는 추측**
>
> I **may** go. 나는 갈지도 몰라.   **추측**

이 외에도 have to, should, ought to, might, would 등의 조동사를 부연하여 조동사가 지니고 있는 각각의 특별한 의미를 나타낼 수 있어요. 흔히 조동사라 하면 이처럼 조동사에 허가, 가능, 의도, 미래시제 등의 특별한 의미가 있는 조동사들을 말하죠. 이 조동사들은 공통적으로 주의해야 할 특징이 있어요. 첫째, 조동사 다음에는 동사의 원형을 쓸 것, 둘째, 인칭의 변화가 없다는 것, 셋째, 의문문은 주어와 도치시킬 것 등이죠. 이제 조동사들을 하나씩 공부하기로 해요.

1. will ~할 것이다

● 조동사 will은 미래시제를 표현한다. 뜻은 「~ 할 것이다」이고, 부정문은 will not[won't]이다.

> They **will** buy a house next spring. 그들은 내년 봄에 집을 살 거야.
>
> He **won't** join the party. 그는 파티에 오지 않을 거야.

● 주어의 의지를 나타낸다. 뜻은 「~하겠다, ~할 작정이다」이다.

> I'**ll** give you my address. 내 주소를 가르쳐 줄게.
>
> I **will** do all I can do for you. 너를 위해 할 수 있는 뭐든 할 작정이야.
>
> I **won't** forgive him. 그를 절대 용서하지 않을 테다.

● 말을 함과 동시에 결정을 내리거나 제안할 때 쓴다.

> I'**ll** get a taxi. 내가 택시를 부를게.
>
> The bell is ringing. I'**ll** get it. 벨이 울리네. 내가 가볼게.
>
> It looks heavy. I'**ll** help you with it. 무거워 보인다. 내가 도와줄게.
>
> I'**ll** pay it. 내가 낼게.

● 상대방에게 요청할 때 쓴다.

> **Will** you close the window? 창문 좀 닫아주시겠어요?
>
> **Will** you be quiet? 조용히 좀 해 줄래?
>
> **Will** you do that for me? 그렇게 해 주시겠어요?

● 주어의 고집을 나타낸다. 뜻은 「끝까지 ~하려 하다, 도무지 ~하려 하지 않다」이다.

> She says she **will** help you. 그녀가 끝까지 너를 돕겠다고 하는군.
>
> This boy **will** not study. 이 아이는 도무지 공부를 하려고 하지 않아.
>
> The door **will** not open. 문이 도무지 열리지를 않는군.

● 습성, 습관, 경향을 나타낸다. 뜻은 「～하기 마련이다, 곧잘 ～하곤 한다」이다.

> He **will** often eat out.   그는 곧잘 외식을 해.
>
> Accidents **will** happen.   사고는 일어나기 마련이야.
>
> Children **will** be children.   애들은 애들이기 마련이야.

 2. would ~할 것이다

● would는 will의 과거로서 시제 일치에 의한 간접화법에서 단순미래를 나타낸다.
뜻은 「～ 할 것이다」이고, 부정문은 would not[wouldn't]이다.

> He said that he **would** be back soon.   그는 금방 올 거라고 했어.
>
> You said that you **would** do your best.   최선을 다할 것이라고 네가 말했잖아.

● 주어의 의지, 주장, 고집, 거절을 나타낸다.

> She **would** talk for hours.   그녀는 몇 시간이고 이야기를 하려고 했어.
>
> The door **would** not open.   문이 도무지 열리지 않았어.
>
> You **wouldn't** believe me.   너는 끝까지 나를 믿으려 하지 않았어.

● 과거의 습관, 습성을 나타낸다. 뜻은 「곧잘 ～하곤 했다」이다.

> We **would** often go camping.   우리는 곧잘 캠핑을 가곤 했지.
>
> We **would** sing and dance until late.   우리는 늦도록 노래하고 춤추곤 했지.

● 가정법 주절에 쓰인다. 가정법 과거는 「～할 텐데」, 가정법 과거완료는 「～했을 텐데」의 뜻이다.

> If I had a chance, I **would** try.   기회가 있으면 해볼 텐데.
>
> If I had been brave, I **would** have kissed her.
> 내가 너였다면, 그녀에게 키스했을 텐데.

- 공손한 요청이나 소망을 나타낸다. would는 will보다 공손한 표현으로 「~하고 싶다」의 뜻이다.

I **would** like to travel the world. 세계 여행을 하고 싶다.

would like to : want to와 같은 뜻이긴 하나, would like to 가 훨씬 공손한 표현임

Would you like to order? 주문하시겠어요?

Would you like some coffee? 커피 드시겠어요.

🐜 3. can ~할 수 있다

능력이나 가능을 나타낸다. 부정은 cannot[can't]로 「~할 수 없다」이고, be able to와 바꾸어 쓸 수 있다.

I **can** swim. 나는 수영할 수 있다.
=I am able to swim.

Can you play the piano? 피아노를 칠 줄 아니?

What **can** I do for you? 무엇을 도와 드릴까요?

- 권유, 의뢰의 뜻을 나타낸다. 뜻은 「~해 드리죠, ~해 주시오」이다.

You **can** use my car. 제 차를 쓰시지요.

I **can** cook for you. 제가 요리를 하죠.

- 허가를 나타낸다. 뜻은 「~해도 좋다」로 조동사 may 와 바꾸어 쓸 수 있다.

You **can** go now. 이제 가도 좋아.

You **can** smoke here. 여기에서 담배를 피워도 좋습니다.

Can I have some cookies? 과자 좀 먹어도 돼?

● 의문문에서는 강한 의심을, 부정문에서는 강한 추측을 나타낸다. 뜻은 「과연 ~일리가 있을까?, 대체 ~일까?」, 「~일 리가 없다」이다.

Can it be true? 그게 과연 사실일까?

Who **can** he be? 그 사람은 대체 누구일까?

He **cannot** be a liar. 그가 거짓말쟁이 일리가 없어.

● 상대방에게 요청이나 의뢰를 나타낸다. 뜻은 「~해 주시겠습니까?」이다. can의 과거 could를 쓰면 더 공손한 표현이다.

Can you help me, **please**? 도와주시겠어요?

Can you give me a ride? 차에 태워 주실 수 있나요?

Can you fix my car? 제 차를 고쳐주시겠어요?

● 조동사 can이 있는 문장에서 미래시제를 나타내려면 조동사 will을 또 쓸 수 있나요?

조동사 can과 will은 동시에 쓸 수가 없어요. be, do, have 외에는 조동사를 하나 이상 쓸 수가 없죠.

I can play the guitar.
I am able to play the guitar.
나는 기타를 칠 수 있어.

I will can speak English well. (X)
I **will be able to** speak English well. (O)
나는 영어를 잘 말할 수 있을 거야.

가능의 의미를 표현하고 싶은데 시제가 미래라면 can과 같은 뜻인 be able to를 이용해야 해요.

4. could ~할 수 있었다

● can의 과거로 능력, 가능을 나타낸다. 뜻은 「~할 수 있었다」이며, 부정은 could not[couldn't]이다.

> I **could** hear you.   나는 네 목소리를 들을 수 있었어.
>
> He **could** lift it.   그는 그것을 들어 올릴 수 있었어.
>
> She **couldn't** reach the box.   그녀는 상자에 닿을 수가 없었지.

● 현재나 과거에 대한 가능성이나 추측을 나타낸다. 뜻은 「~이었을지도 모른다, ~일지도 모른다」이다. may나 might와 바꾸어 쓸 수 있다.

> He **could** be poor when he was young.   그는 어렸을 때 가난했을 것이다.
>
> The bell is ringing. It **could** be Michael.
> 벨이 울리고 있어. Michael일지도 몰라.
>
> This **could** be a great chance.   이건 대단한 기회일지도 몰라.
>
> It **could** be true.   그게 사실일지도 모르지.

● can보다 공손한 요청이나 의뢰를 나타낸다. 뜻은 「~해 주시겠습니까?」이다.

> **Could** you pass me the salt?   소금 좀 건네주시겠습니까?
>
> **Could** you tell me the way?   길을 좀 알려주시겠어요?
>
> **Could** you do me a favor?   부탁 하나 들어주시겠어요?

● 가정법 주절에 쓰인다. 가정법 과거는 「~할 수 있을 텐데」, 가정법 과거완료는 「~할 수 있었을 텐데」의 뜻이다.

> If I were a bird, I **could** fly.   내가 새라면, 날 수 있을 텐데.
>
> If I had studied harder, I **could** have passed the test.
> 좀 더 열심히 공부했더라면, 시험에 합격할 수 있었을 텐데.

5. may ~일지도 모른다

● 불확실한 추측을 나타낸다. 부정은 may not 으로 「~이 아닐지도 모른다」이다. 과거의 추측은 〈may+have+pp〉로 「~이었을지 모른다」이다.

He **may** be sick. 그는 아픈지도 몰라.

> may : may가 추측의 의미일 경우 might, can, could와 바꾸어 쓸 수 있음

She **may** not come. 그녀가 안 올지도 몰라.
He **may** not like wine. 그는 와인을 좋아하지 않을지도 몰라.
She **may** have worked that night. 그녀는 그날 밤 일했는지도 몰라.

● 허가를 나타낸다. 뜻은 「~해도 좋다」이다. can과 바꾸어 쓸 수 있으나 may가 보다 정중한 표현이다. 부정은 may not 또는 must not을 쓰고, 뜻은 「~해서는 안 된다」이다.

You **may** leave the table. 식탁을 떠나도 좋다.
May I use your phone? 전화를 좀 써도 되나요?
You **may** not go out at night.
=You **must** not go out at night. 밤에 나가서는 안 된다.

● 기원, 소원을 나타낸다. may는 항상 주어 앞에 오고 생략할 수 있다. may를 생략할 경우 주어가 3인칭이라 해도 동사는 원형이라는 점에 주의해야 한다.

May you succeed! 성공하기를 기원합니다.
May you be happy! 행복하기를 빌게.
(May) God **forgive** me! 신이여 용서하소서!

> forgive : 주어가 3인칭 God이지만 동사는 원형을 써야 함

● May I ~ ?로 물었을 경우 대답은 어떻게 해야 하나요?

may는 허가를 나타내어 「~해도 좋다」의 뜻이죠. 따라서 윗사람이 아랫사람에게 하는 경우 외에는 Yes, you may.로 답하게 되면 무례하고 오만하게 느껴져요. 또 부정으로 답할 때에는 No, you may not.이 쓰이기도 하지만, may에 추측의 뜻이 강해서 잘 쓰이지 않아요.

May I use your computer?
컴퓨터를 써도 되나요?

긍정으로 답할 때	부정으로 답할 때
Yes, certainly.	I'm sorry you can't.
Sure.	
Of course you can.	
Why not?	
Yes, you may. < ? >	

6. might ~일지도 모른다

● 가능성, 추측을 나타낸다. might는 may와 바꾸어 쓸 수 있다.

It **might** rain tomorrow. 내일 비가 올 지도 몰라.

might = may의 경우보다 가능성이 적음

It **might** be true. 사실일지도 몰라.

● 허가를 나타낸다. 직접화법에서 시제의 일치에 따라 쓴다.

He said that you **might** go. 가도 좋다고 그가 말했어.

might : 주절의 동사가 said이므로 종속절의 조동사도 과거형을 씀

She said that you **might** come. 네가 와도 좋다고 그녀가 말했어.

- 가정법 주절에 쓰인다. 가정법 과거는 현재의 추측을 나타내어 「~할지도 모를 텐데」의 뜻이고, 가정법 과거완료는 과거의 추측을 나타내어 「~했을지도 모를 텐데」의 뜻이다.

    You **might** fail if you were lazy.   게으름을 피우면 실패할지도 모를 텐데.

    You **might** have failed if you had been lazy.
        게으름을 피웠다면 실패했을지도 모를 텐데.

7. must ~해야 한다

- 필요를 나타낸다. 「~해야 한다, ~하지 않으면 안 된다」의 뜻으로 have to와 바꾸어 쓸 수 있다. 부정은 〈don't have to, need not〉으로 「~할 필요는 없다」의 뜻이다.

    I **must** get up early tomorrow.   내일 일찍 일어나야 해.

    = I **have to** get up early tomorrow.

    → I **don't have to** get up early tomorrow.

    = I **need not** get up early tomorrow.
        내일 일찍 일어날 필요는 없다.

        need : 부정문에서 조동사로 쓰임

    We **must** eat to live.   살기 위해 먹지 않으면 안 되지.

    I **must** buy a new hat.   새 모자를 사야 해.

- 의무를 나타낸다. 부정 must not[mustn't]은 「~해서는 안 된다」의 뜻으로 강한 금지를 나타낸다.

    You **must** listen to your parents.   부모님 말씀을 잘 들어야 한다.

    You **must** keep the rules.   규칙을 지켜야 한다.

    You **must** not tell a lie.   거짓말을 해서는 안 된다.

    It's a secret. You **mustn't** tell anyone.
        그건 비밀이야. 누구에게도 말해서는 안돼.

● must에도 과거형이 있나요?

must에는 과거형이 없어요. must는 다른 조동사와 함께 쓰일 수도 없죠. 따라서 must를 과거나 미래시제로 표현하고자 할 때에는 must와 같은 의미인 have to로 바꾸어 사용해야 해요. 구어체에서는 must보다 have to 또는 have got to를 더 많이 써요.

I **must** do it.　　　　　　현재
그것을 해야만 해.

I **had to** do it.
그것을 해야만 했었어.　　　과거

I **will have to** do it.
그것을 해야만 할 거야.　　　미래

● 강한 추측을 나타낸다. 「~임에 틀림없다」의 뜻이며, 과거에 대한 강한 추측은 〈must+have+pp〉의 구조를 취하고 「~이었음에 틀림없다」의 뜻이다. 부정은 cannot으로 강한 부정적 추측을 나타내고, 뜻은「~일리가 없다」이다.

She **must** be rich.　그녀는 부자임에 틀림없어.

You **must** know the fact.　그 사실을 틀림없이 알고 있겠지.

You look very weak. You **must** have been sick.
매우 약해 보이는구나. 너는 틀림없이 아팠을 거야.

He **must** be there.　그는 틀림없이 거기 있을 거야.

⇒ He **cannot** be there.　그가 거기 있을 리가 없어.　부정

여기서 잠깐

● 추측의 의미가 있는 조동사들을 정리해 주세요.

현재의 어떤 일에 대한 가능성을 추측하는 조동사로 could, may, might, must, cannot이 있는데요. 다음 예문에 대한 가능한 응답을 통해서 추측의 정도를 확인해 보기로 하죠.

조동사

He buys anything he likes.
그는 맘에 드는 것이면 어느 것이든 다 사지.

① He **is** rich. 그는 부자야.
⇒조동사가 없는 문장으로 그가 부자라는 것이 100% 확실하다

② He **must** be rich. 그는 부자임에 틀림없어.
⇒ 「~임에 틀림없다」로 90%이상 긍정적인 확신이다.

③ He **cannot** be rich. 그는 부자일 리가 없어.
⇒ 「~일리가 없다」로 90%이상 부정적인 확신이다.

그는 부자일지도 모르지.
④ He **could** be rich.
⑤ He **may** be rich.
⑥ He **might** be rich.
⇒ 「~일지도 모른다」로 50% 정도의 확신이다.

8. Shall ~할 것이다

shall이 단순미래를 나타내어 「~할 것이다」의 뜻일 때에는 will로 전환하여 쓴다. 1인칭 의문문 「Shall I ~ ?」구문 외에는 shall 대신 의미차이 없이 will을 많이 쓴다. 그러나 shall이 주어 자신의 의지에 의하지 않고 듣는 사람의 의지에 의해서 어떤 행위가 강요되고 있을 때, 즉 의지미래로 쓰일 때에는 주의해야 한다.

I **shall/will** see you again. 나중에 보자.

Shall/will : 현대 일상어에서는 Shall 대신 will을 더 많이 씀

I **shall/will** visit you tonight. 오늘 밤에 너를 방문할게.

● 「Shall I/we~?」는 상대방의 의사나 결단을 묻는다. 뜻은 「~할까요?」이다.

    Shall I help you?   도와 드릴까요?

    Shall we go?   가실까요?

    Shall I sit here?   여기 앉을까요?

    What **shall** I do?   뭘 하면 될까요? / 어쩌면 좋죠?

● 말하는 이의 의지를 나타낸다. 뜻은 「~하게 하겠다」이다.

    He **shall** not die.   그를 죽게 하지 않겠다.

    = I won't let him die.

    You **shall** have it.   너에게 그것을 갖게 하겠다.

    = I will let you have it.

    She **shall** have the money.   그녀에게 그 돈을 갖게 하겠다.

    = I will let her have the money.

● 「Shall he/she/it/they ~?」는 상대방의 의지를 묻는다. 뜻은 「~에게 ~하게 할까요?」이다. 하지만 일상어로는 「Do you want him/her/them to ~ ?」를 사용하는 것이 보통이다.

    Shall he wait for you?   그를 기다리게 할까요?

    = Do you want him to wait for you?

    Shall she call you back?   그녀에게 전화를 하게 할까요?

    = Do you want her to call you back?

    Shall they watch TV?   그들에게 TV를 보게 할까요?

    = Do you want them to watch TV?

● 규정, 법률 등에 사용한다. 뜻은 「~하여야 한다, ~으로 정하다」이다.

    All payments **shall** be paid in cash.   임금은 모두 현금으로 지급하여야 한다.

    There **shall** be no pictures taken.   사진 촬영을 금한다.

● 명령, 금지, 예언을 나타낸다. 뜻은 「~할지니라, ~할 지어다」이다.

You **shall** not kill. 상상하지 말지니라.

Every life **shall** end one day. 생명체는 모두 언젠가는 죽을 것이다.

 9. Should ~해야 한다

● 의무, 당연을 나타낸다. 뜻은 「~해야 한다, ~하는 것이 당연하다」이다. should는 약간의 뉘앙스 차이는 있으나 거의 유사한 의미로 must, have to, ought to와 바꾸어 쓸 수 있다.

You **should** do your best. 최선을 다해야 해.

You **should** respect your parents. 부모님을 존경해야 해.

● 충고나 권고를 나타낸다. should는 ought to, must보다 뜻이 약해서 권고를 나타내기도 한다.

You **should** apologize. 너는 사과해야 해.

You look tired. You **should** go to bed. 피곤해 보이는구나. 잠자리에 들어가지.

● 주절에 필요나 당연을 나타내는 말이 올 때 쓴다.

It is not **necessary** that you **should** go there.
네가 그곳에 가야 할 필요는 없지.

It is **natural** that you **should** be angry. 네가 화나는 것도 당연해.

● 주절에 요구, 제안, 의향, 주장, 결정을 나타내는 말이 올 때 쓴다.

I **suggest** that you **should** see a doctor. 진찰을 받아 보시지요.

I **insist** that you **should** stay here. 여기에 꼭 머무르세요.

Exercises

A. 문맥에 맞는 것을 고르시오

1. He (don't, doesn't) speak Russian.

2. You will (must, have to) study harder.

3. I didn't bring my phone. (May, Must) I use your phone?

4. I will (can, be able to) swim.

5. (Will, Shall) we dance?

6. God (bless, blesses) you!

7. It is necessary that you (should, must) stay here.

8. He always tells a truth. He (cannot, may) be a liar.

9. I will (am, be) 20 years next month.

10. I had no choice. I (must, had to) go there.

● Answers

1. doesn't (주어가 3인칭 단수이므로 조동사 doesn't를 써야 함) 그는 러시아어를 할 줄 모른다.
2. have to (조동사 2개를 나란히 쓸 수 없으므로 have to를 써야 함)
    너는 더욱 열심히 공부해야 할 것이다.
3. May (허가를 묻는 조동사를 써야 함) 내 전화를 안 가져왔어. 네 전화 좀 써도 되니?
4. be able to (조동사는 둘 이상 쓸 수 없음.) 나는 수영할 수 있을 것이다.
5. Shall (상대방의 의향을 묻고 있음) 춤 추실까요?
6. bless (기원을 나타내는 may가 주어 앞에서 생략된 기원문으로 주어가 3인칭 단수라 해도 동사는 원
    형을 써야 함) 신의 축복이 있기를 기원한다.
7. should (주절에 필요를 나타내는 말이 올 경우에 should를 써야 함)
    네가 여기에 있어야 할 필요가 있다.
8. cannot (현재에 대한 강한 부정적 추측임) 그는 항상 진실을 얘기한다. 그가 거짓말쟁이 일리가 없다.
9. be (조동사 다음에는 동사의 원형이 와야 함.) 나는 다음 달에 20살이 된다.
10. had to (시제가 과거이므로 must의 과거인 had to를 써야 함)
    선택의 여지가 없었다. 그곳에 갈 수 밖에 없었다.

B. 우리말에 맞는 표현을 고르시오.

1. 마실 것은 무엇으로 하시겠어요?
   (   ) What will you like to drink?
   (   ) What would you like to drink?

2. 그가 바보일 리가 없다.
   (   ) He cannot be a fool.
   (   ) He won't be a fool.

3. 콜라를 마실게요.
   (   ) I have coke, please.
   (   ) I'll have coke, please.

4. 펜 좀 빌려도 되나요?
   (   ) May I borrow your pen?
   (   ) Will I borrow your pen?

5. 내일 추울 지도 몰라.
   (   ) It might be cold tomorrow.
   (   ) It should be cold tomorrow.

● Answers

1. What would you like to drink? 상대에게 공손하게 요청할 때는 would like to를 쓴다.
2. He cannot be a fool. 조동사 can은 부정문에서 강한 추측을 나타내어 「~일리가 없다」의 뜻이다.
3. I'll have coke, please. 말하면서 동시에 어떤 일을 결정할 때에는 will을 쓴다.
4. May I borrow your pen? 허가를 나타내는 조동사를 써야 한다.
5. It might be cold tomorrow. 추측을 나타내는 조동사가 와야 한다.

PART 3

문장의 종류

문장의 의미에 따라 평서문, 명령문, 의문문,
감탄문, 기원문이 있다.

수동태

태에는 능동태와 수동태가 있는데,
주어가 어떤 행동을 스스로 할 경우 이를 능동태라 하고,
주어가 어떤 행동의 대상이 되어
그 행동을 당하는 경우를 수동태라 한다.

부정사

〈to+동사의 원형〉을 to부정사라고 한다.

07 문장의 종류 Kinds of Sentences

문장이란 단어와 단어들의 배열로 생각이나 감정을 표현하는 말이죠. 모든 문장에는 주어와 동사가 반드시 있어야 하는데요. 이를 다른 말로 표현하면 주어부(주부)와 서술부(술부)라고 해요. 주어부는 문장에서 주어와 그에 딸린 말들로 이루어진 부분이고, 서술부는 문장에서 서술어와 그 목적어, 보어 및 이들에 딸린 수식어로 된 부분을 말해요.

문장의종류

A We have a serious problem.	평서문
B Tell me. What is it?	명령문/의문문
A I dropped your phone in the water by mistake.	평서문
B Oh, no! How stupid you are!	감탄문

A 심각한 문제가 생겼어.
B 말해봐. 뭔데?
A 실수로 네 전화를 물 속에 떨어트렸어.
B 맙소사! 정말로 멍청하구나!

주어부는 생각, 감정 또는 행위의 주체가 되는 부분이고, 서술부는 주어의 생각, 감정, 행위를 구체적으로 묘사하는 부분이죠.

> **Ben ran.** Ben은 달렸다.

여기에서 Ben이 주어부이고, ran이 서술부에요. 주어 Ben이 동사 ran의 주체가 되는 거죠. 이 문장을 얼마든지 길게 표현할 수도 있어요.

> **Ben ran fast.** Ben은 빨리 달렸다.
> (주부-Ben, 술부-ran fast)
>
> **Ben's dog ran fast with him.** Ben의 개는 그와 함께 빨리 달렸다.
> (주부-Ben's dog, 술부는 ran이하)
>
> **Ben and his brother, Tony ran together every morning.**
> Ben과 그의 형 Tony는 아침마다 함께 달렸다.
> (주부 - Ben and his brother, Tony, 술부는 ran이하)

이처럼 문장이 되려면 반드시 주어와 동사가 있어야 하는 거죠. 영어의 문장은 첫 글자를 항상 대문자로 시작하고 마침표나 물음표 또는 느낌표로 끝을 맺어요. 문장은 그 의미에 따라 평서문, 명령문, 의문문, 감탄문, 기원문으로 나누어지죠

1. 평서문 Declarative Sentences

평서문은 어떤 사실을 있는 그대로 기술한다. 평서문은 〈주어+동사〉의 어순으로 일상에서 흔히 우리가 쓰는 대부분의 문장들이 이에 해당한다. 평서문은 다시 긍정문과 부정문으로 나뉘는데, 부정문은 긍정문의 동사 뒤에 not이나 never를 붙인다.

> He **is** a fashion model. 그는 패션 모델이야.
> He **lives** in Paris. 그는 파리에 살아.

위의 be동사와 일반동사가 쓰인 긍정문을 부정문으로 전환해보자.

> He **is not** a fashion model. 그는 패션 모델이 아니야.
>
> He **doesn't** live in Paris. 그는 파리에 살지 않아.

be동사의 부정은 동사 뒤에 not을 붙였고, 일반동사의 부정은 동사 앞에 doesn't을 붙였다. 이처럼 평서문에 쓰인 동사에 따라 부정문의 형태도 조금씩 달라진다. be 동사나 조동사가 쓰인 평서문의 부정형은 not 또는 never를 써서 나타낸다. 하지만 일반동사가 쓰인 평서문의 부정형은 do/does/did를 써서 나타내야 한다. 또는 부정어 not 또는 never 대신 no one, nothing, none 등을 쓰기도 한다.

문장의종류

긍정문		부정문	
be 동사		am not ⇒ ain't	am never
		are not ⇒ aren't	are never
		is not ⇒ isn't	is never
		was not ⇒ wasn't	was never
		were not ⇒ weren't	were never
조동사		will not ⇒ won't	will never
		can not ⇒ can't	can never
		must not ⇒ mustn't	must never
		should not ⇒ shouldn't	should never
		would not ⇒ wouldn't	would never
일반동사	현재시제	do not+동사원형 ⇒ don't+동사원형	do never+동사원형
		does not+동사원형 ⇒ doesn't+동사원형	does never+동사원형
	과거시제	did not+동사원형 ⇒ didn't+동사원형	did never+동사원형

● be 동사의 부정문

> He **is** happy.
>
> ⇒ He **is not** happy.
>
> ⇒ He **isn't** happy.
> 그는 행복하지 않아.

They **were** at the park.

⇒ They **weren't** at the park.

그들은 공원에 없었어.

● 일반동사의 부정문

I **like** apples.

⇒ I **don't** like apples.

나는 사과를 좋아하지 않아.

He **likes** apples.

⇒ He **doesn't** like apples.

그는 사과를 좋아하지 않아.

He **liked** apples.

⇒ He **didn't** like apples.

그는 사과를 좋아하지 않았어.

● 조동사의 부정문

He **will** be back soon. 그는 곧 돌아올 거야.

⇒ He **will not** be back soon. 그는 곧 돌아오지 않을 거야.

You **must** run. 달려야 해.

⇒ You **mustn't** run. 달려서는 안돼.

● not 또는 never 이외의 부정문 : no one, nothing, none

No one knows. 아무도 모르지.

I knew **nothing**. 나는 아무것도 몰랐어.

None of you were here. 너희들 중 아무도 여기 없었어.

2. 명령문 Imperative Sentences

명령문은 지시, 명령, 권유, 부탁, 충고, 금지 등을 나타낼 때 쓰는 문장으로, 「~해라, ~하지 마라」의 의미이다. 명령문의 주어는 상대방, 즉 you이므로 항상 동사원형으로 시작한다. 명령문의 주어는 생략하는 것이 일반적이나, 강조를 하고자 할 때는 생략하지 않는다.

● 긍정의 명령문 : 「~해라」의 뜻으로 동사의 원형으로 시작한다.

문장의종류

> **Be** a nice boy. 착한 아이가 되렴.
>
> **Look** at the boy. 저 남자 아이를 좀 봐.
>
> You : 명령을 강조하기 위해서 주어를 명시함
>
> (You) **be** quiet. 너 조용히 좀 해.
>
> Jack, you **sit** down. Jack, 너 앉아.
>
> You를 정확히 밝히고자 할 때는 이름을 명시함

● 부탁의 명령문 : 명령문 앞이나 뒤에 please을 붙이면 부탁을 하는 공손한 표현이 된다.

> Close the window, **please**. 창문 좀 닫아 주세요.
>
> = **Please** close the window.

● 부정, 금지의 명령문 : 「~하지 마라」의 뜻으로 긍정 명령문 앞에 Don't 또는 Never를 붙인다. Never를 쓰면 강한 부정명령문이 된다.

> **Don't** be noisy. 소란스럽게 하지 마라.
>
> **Don't** worry. 걱정하지 마라.
>
> **Never** tell lies. 절대 거짓말하지 마라.

● 권유의 명령문 : 「~하자, ~합시다」의 뜻으로 동사의 원형 앞에 Let's를 붙인다. 부정은 〈Don't let's+동사원형〉 또는 〈Let's not+동사원형〉이다.

> **Let's** run. 달리자.
>
> ⇒ **Don't** let's run.
>
> ⇒ **Let's not** run.
>
> 달리지 말자.

3. 의문문 Interrogative Sentences

상대에게 무엇을 물을 때 쓰는 문장으로 물음표로 끝난다. 의문문의 어순은 주어와 동사가 도치되어 〈동사+주어〉의 어순이다. 의문문에는 의문사가 없을 수도 있으며, 의문사가 있을 수도 있다. 또한 선택의문문, 부가의문문 그리고 수사의문문이 있다.

● 의문사가 없는 의문문

평서문을 의문문으로 전환할 때에 의문사가 없는 의문문은 주어와 동사를 도치시킨다. 이때 동사가 일반동사일 경우에는 시제와 인칭에 따라 do/does/did를 사용한다. 의문사가 없는 의문문은 Yes/No로 답하고, 끝을 올려 읽는다.

be 동사가 있을 때

He is a reporter. 그는 기자야. 평서문

⇒ **Is he** a reporter? - Yes, he is. 그는 기자이니? 응, 그래. 의문문

She was tired. 그녀는 피곤했어. 평서문

⇒ **Was she** tired? 그녀는 피곤했니? 의문문

조동사가 있을 때 : 주어와 조동사를 도치시킨다.

He can swim. 그는 수영할 수 있어. 평서문

⇒ **Can he** swim? 그는 수영할 수 있니? 의문문

They will play tennis. 그들은 테니스를 칠 거야. 평서문

⇒ **Will they** play tennis? 그들은 테니스를 칠 거니? 의문문

일반동사가 있을 때 : 시제가 현재이고 3인칭 단수이면 〈Does he/she+동사원형~?〉를 쓴다. 시제가 과거이면 〈Didn't +주어+동사원형 ~?〉을 쓴다.

You play the piano. 너는 피아노를 친다 평서문

⇒ **Do you play** the piano? 너는 피아노를 치니? 의문문

She plays the piano. 그녀는 피아노를 쳐.

⇒ **Does she play** the piano? 그녀는 피아노를 치니?

주어가 3인칭 단수 현재인 경우의 의문문

They played soccer. 그들은 축구를 했어.

⇒ **Did they play** soccer? 그들은 축구를 했니? 동사가 과거인 경우의 의문문

● 의문사가 있는 의문문

의문사란 who(누가), when(언제), where(어디서), what(무엇을), how(어떻게), why(왜), whose(누구의), which(어느) 등을 말한다. 의문사가 있는 의문문은 Yes/No로 답할 수 없고, 끝을 내려 읽는다.

Who are you? 너는 누구니?

When did you go there? 거기에는 언제 갔었니?

Where do you live? 너는 어디에 사니?

What do you want? 너는 무엇을 원하니?

How is your family? 네 가족은 어떠니?

Why were you late? 왜 늦었니?

이러한 의문사들은 의문사 자체가 무엇을 묻고 있으므로 그에 대한 구체적인 대답으로 답을 해야 한다. 따라서 Yes/No로 대답할 수가 없다.

Who is in the car? 차 안에 누가 있지?

-My uncle. 우리 삼촌. (O)

-Yes, he is. 응, 그래. (X)

위의 문장에서 who는 의문사이면서 동시에 주어가 되기도 하는데, 이를 의문대명사라고 한다. 의문사는 의문대명사, 의문형용사, 의문부사로 세분할 수 있다.

	의 문 사	기 능
의문대명사	who(누구), what(무엇), which(어느 것)	대명사역할
의문형용사	what(어느), which(어느), whose(누구의)	형용사역할
의문부사	when(언제), where(어디서), how(어떻게), why(왜)	부사역할

의문대명사

의문대명사는 의문사가 대명사 역할을 한다. who는 주로 이름, 가족관계를 물을 때, what은 직업이나 신분을 물을 때, which는 선택을 묻는 경우에 쓰인다. 의문대명사가 주어인 경우에는 단수로 취급하고 do/does/did를 쓰지 않는다.

Who are you? 너는 누구니?

What is your father? 당신의 아버지는 무엇을 하는 분이니?

Which is your car? 어느 것이 네 차니?

What did you choose? 너는 무엇을 선택했니?

의문형용사

의문형용사에는 what, which, whose가 있는데, 이들 다음에는 명사가 온다. 이들 의문사들은 명사를 수식하는 형용사 역할을 한다.

What color do you like? 무슨 색깔을 좋아하니?

Which pen is yours? 어느 펜이 네 거니?

Whose bag is this? 이것은 누구의 가방이지?

의문부사

의문부사는 의문사가 부사역할을 하는 것으로, 장소, 때, 이유, 방법을 묻는 의문부사가 있다.

When is your summer vacation? 여름방학이 언제니?　　　　**때**

Where did you meet him? 그를 어디에서 만났니?　　　　**장소**

Why is he angry? 그는 왜 화가 났지?　　　　**이유**

How did you solve the question? 그 문제를 어떻게 풀었니?　　**방법**

● 선택의문문

둘 또는 그 이상의 것들 중에서 하나를 선택하도록 묻는 문장을 선택의문문이라고 한다. 둘 중 하나를 선택해야 하므로 Yes/No로 대답할 수 없다. 선택의문문의 구조는 의문사가 있을 수도 있고 없을 수도 있다. 의문사가 있든 또는 의문사가 없든 A or B의 형태를 취하는데, 이 때 A 는 억양을 올리고, B는 억양을 내려 읽는다.

Is this tea **or** coffee?　　　　　　　　　　　　**의문사가 없는 선택의문문**
이것은 차인가 아니면 커피인가?

110

Did you go there by train or by plane?

의문사가 없는 선택의문문

너는 거기에 기차로 갔니 아니면 비행기로 갔니?

Which do you like, red wine or white wine?

어느 것을 좋아하니, 적포도주니 아니면 백포도주니?   의문사 which가 있는 선택의문문

What sports do you like best, soccer, basketball, or baseball?

무슨 운동을 가장 좋아하니, 축구니, 농구니 아니면 야구니? 의문사 what이 있는 선택의문문

문장의종류

● 부가의문문

부가의문문은 평서문 뒤에 덧붙여서 상대방의 동의를 구하거나, 자신의 생각을 확인하는 짧은 의문문이다. 서로 잘 알고 있는 사실에 대하여 상대방의 동의를 구할 때는 끝을 내려 읽는다. 그러나 상대방에게 자신의 주장을 확인하고자 할 때에는 끝을 올려 읽는다. 부가의문문은 평서문의 동사의 시제, 조동사, 대명사와 일치시켜야 한다. 평서문이 긍정이면 부정으로, 평서문이 부정이면 긍정으로 바꾸고 주어와 동사를 도치시킨다. 또한 부가의문문은 Yes/No로 답할 수 있다.

부가의문문의 기본 구조는 다음과 같다.

+ 평서문 긍정,	– 부가의문문 부정?
Snow is white,	isn't it?
– 평서문 부정	+ 부가의문문 긍정?
You don't like me,	do you?

🐶 be동사의 부가의문문 : 주어와 동사를 도치시킨다.

She is pretty, isn't she? 그녀는 예쁘지, 그렇지 않니?

> isn't she? : 부가의문문이 부정문이면 축약해야 함

He is not tall, is he? 그는 키가 크지 않아, 그렇지?

🐶 일반동사의 부가의문문 : 평서문의 시제와 인칭에 따라 do/does/did를 사용한다.

You live here, don't you? 너는 여기 살지, 그렇지 않니?

- Yes, I do. 응, 그래.

She loves you, **doesn't she**? 그녀는 너를 사랑하지, 그렇지 않니?

You didn't buy the car, **did you**? 그 차 사지 않았지, 그렇지?

🐭 조동사의 부가의문문 : 조동사와 주어를 도치시킨다.

You will visit him, **won't you**? 너는 그를 찾아갈 거지, 그렇지 않니?

You can't play the guitar, **can you**? 너는 기타를 못 치지, 그렇지?

🐭 명령문의 부가의문문 : 명령문 뒤에 부가의문문을 부가하면 어조가 부드러워진다. 긍정명령문
의 부가의문문은 〈~will you?〉 또는 〈~won't you?〉가 모두 가능하지만, 부정 명령문의 부
가의문문은 〈~will you?〉만 가능하다.

Get up early, will you? 일찍 일어나렴.

= **Get up early, won't you**?

Don't be late, will you? 늦지 마라.

🐭 평서문의 주어가 고유명사인 부가의문문 : 고유명사는 대명사로 바뀐다.

Marsha can come, **can't she**? Marsha는 올 수 있지, 그렇지 않니?

David has already left, **hasn't he**? David는 이미 떠났지, 그렇지 않니?

🐭 평서문의 주어가 지시대명사인 부가의문문 : 평서문의 주어가 지시대명사 this나 that으로 단수
이면 부가의문문은 it으로, these나 those로 복수이면 they으로 바뀐다.

This/That is your bike, **isn't it**? 이것/저것은 너의 자전거지, 그렇지 않니?

These/Those are yours, **aren't they**?
이것들/저것들은 너의 것이야, 그렇지 않니?

● 수사의문문

수사의문문은 자신의 생각을 강하게 나타내기 위해서 반어적으로 쓰는 의문문이다. 수사의문
문이 긍정이면 부정의 의미를, 수사의문문이 부정이면 긍정의 의미를 표현한다.

Who cares? 누가 상관하겠는가?　　　　　　**수사의문문**

⇒ **Nobody cares.** 아무도 상관하지 않아.　　**평서문**

Who does not know the fact? 그 사실을 누가 모르겠는가?　　**수사의문문**

⇒ Everyone knows the fact. 누구나 다 그 사실을 알아.　　**평서문**

● 평서문이 긍정인 부가의문문의 예문과 평서문이 부정인 부가의문문의 예문들을 정리해 주세요.

평서문이 긍정일 때 부가의문문은 부정이 되는 예문들이에요. 평서문의 조동사나 본동사가 부가의문문에서 어떻게 변하는지 주의해서 참고하세요.

평서문 긍정 [+]				부가의문문 부정 [−]		
주어	조동사	본동사		조동사	not	인칭대명사
You	are	coming,		are	n't	you?
We	have	finished,		have	n't	we?
You	do	like	coffee,	do	n't	you?
You		like	coffee,	do	n't	you?
They	will	help,		wo	n't	they?
I	can	come,		can	't	I?
We	must	go,		must	n't	we?
He	should	try	harder,	should	n't	he?
You		are	English,	are	n't	you?
John		was	there,	was	n't	he?

● 다음 표는 평서문이 부정이고 부가의문문은 긍정이 되는 예문들이에요.

평서문 부정 [−]					부가의문문 긍정 [+]	
주어	조동사		본동사		조동사	인칭대명사
It	is	n't	raining,		is	it?
We	have	never	seen	that,	have	we?
You	do	n't	like	coffee,	do	you?
They	will	not	help,		will	they?
They	wo	n't	report	us,	will	they?
I	can	never	do	it right,	can	I?
We	must	n't	tell	her,	must	we?
He	should	n't	drive	so fast,	should	he?
You			are	n't	English,	are	you?
John			was	not	there,	was	he?

113

4. 감탄문 Exclamatory Sentences

감탄문은 슬픔, 기쁨, 희망, 고통, 놀라움 등의 강한 감정을 표현할 때 쓰는 문장인데, what으로 시작하는 감탄문과 how로 시작하는 감탄문이 있다. what은 명사를 중심으로 말할 때에 쓰며, how는 형용사나 부사를 중심으로 말할 때에 쓴다. 감탄문은 느낌표로 끝을 맺고, 뜻은 「정말로 ~하구나!, 참으로 ~하구나!」이다. 또한 감탄문은 평서문으로 바꿀 수가 있는데, 이때 what이나 how는 부사 very로 바뀐다.

● what으로 시작하는 감탄문

　　어순은 〈what+a/an+형용사+명사+주어+동사!〉이다. 명사가 복수명사이거나 셀 수 없는 명사일 경우에 관사 a/an은 생략한다.

　　　　What a nice car you have!　정말로 멋진 차를 갖고 있구나!　　**감탄문**
　　　　⇒ You have a very nice car.　너는 매우 멋진 차를 갖고 있다.　　**평서문**

flowers : 명사가 복수이므로 what 다음에 관사 a를 생략함

What beautiful **flowers** they are!　그것들은 정말로 예쁜 꽃이구나!

What good **coffee** it is!　정말로 좋은 커피이구나!

coffee : 셀 수 없는 명사이므로 what 다음에 관사 a를 생략함

● how로 시작하는 감탄문

　　어순은 〈how+형용사/부사+주어+동사!〉이다.

　　　　How cold it is!　날씨가 정말로 춥구나!　　**감탄문**
　　　　⇒ It is very cold.　날씨가 매우 춥다.　　**평서문**

How smart : how+형용사 + 주어 + be동사

How smart he is!　그는 정말로 똑똑하구나!
⇒ He is very smart.　그는 매우 똑똑해.

How fast : how+부사 + 주어 + 일반동사

How fast it runs. 그것은 얼마나 빨리 달리는가!

⇒ It runs very fast. 그것은 매우 빨리 달린다.

● 감탄문에서 주어와 동사의 생략

서로 알 수 있는 내용을 말할 경우에는 주어와 동사를 생략할 수 있다.

What a fine day (it is)! 정말로 날씨가 좋구나!

How nice (it is)! 얼마나 근사한가!

5. 기원문 Optative Sentences

말하는 사람의 소원이나 기원을 나타내는 문장이다. 문장의 형태는 〈May+주어+동사의 원형〉으로, May는 생략이 가능하다.

May you **succeed**! 부디 성공하기를!

Succeed, be : 기원문의 동사는 원형을 써야 함

May you **be** happy! 부디 행복하세요.

Exercises

A. 다음 문장의 종류를 밝히시오

1. Why do you believe that?

2. I wanted to know when he left.

3. Please accept my apology.

4. Send her a nice gift.

5. What a fine day it is!

6. When did you first know that your shoe was lost?

7. My doctor told me to take this medicine.

8. Ask your sister for the recipe.

9. Did you solve the puzzle yet?

10. Sue, hand me your coat.

● Answers

1. 의문문 ⇒ 왜 그걸 믿는 거니?
2. 평서문 ⇒ 나는 언제 그가 떠났는지 알고 싶었다.
3. 명령문 ⇒ 부디 제 사과를 받아 주세요.
4. 명령문 ⇒ 그녀에게 근사한 선물을 보내라.
5. 감탄문 ⇒ 날씨가 얼마나 화창한가!
6. 의문문 ⇒ 네 신발 한 짝이 없어진 지 언제 처음 알았니?
7. 평서문 ⇒ 의사가 이 약을 복용하라고 했다.
8. 명령문 ⇒ 요리법을 네 언니에게 물어 보아라.
9. 의문문 ⇒ 벌써 그 퍼즐을 풀었니?
10. 명령문 ⇒ Sue, 코트를 건네 주렴.

B. 우리말에 맞는 문장을 고르시오.

1. 절대 약속을 어기지 마라.

   (　　) Never break your promises.

   (　　) Break never your promises.

2. 그녀는 춤을 잘 추지, 그렇지 않니?

   (　　) She dances well, doesn't she?

   (　　) She dances well, does not she?

3. John은 공부를 열심히 하지, 그렇지 않니?

   (　　) John studies hard, doesn't he?

   (　　) John studies hard, doesn't John?

4. 기차를 놓치지 마시오.

   (　　) Don't miss the train, will you?

   (　　) Don't miss the train, won't you?

5. 그더러 세차하게 해.

   (　　) Let him wash the car.

   (　　) Let's wash the car.

● Answers

1. Never break your promises.　명령문을 부정할 때 부정어 never를 동사원형 앞에 쓴다.
2. She dances well, doesn't she?　부가의문문의 부정은 축약해야 한다.
3. John studies hard, doesn't he?　평서문의 고유명사는 부가의문문에서 대명사로 바뀐다.
4. Don't miss the train, will you?　부정명령문의 부가의문문은 〈, will you?〉이다.
5. Let him wash the car.　〈목적어가 ~하게 하다〉는 표현은 Let동사를 써서 표현한다.

08 수동태 Passive

태에는 능동태와 수동태가 있는데요. 주어가 목적어에게 어떤 행동을 스스로 할 때를 나타날 때는 능동태라고 하고, 주어가 어떤 행동의 대상이 되어 그 행동을 입는(당하는) 관계를 나타낼 때는 수동태라고 해요.

A Aren't you going to Beth's birthday party?

B No, I **wasn't invited**.   수동태

A Oh, sorry. I forgot. Here is the invitation card for you.

B God! That's why you **are said** to be very forgetful.   수동태

A Beth 생일 파티 안 갈거니?
B 네, 초대 안 받았어요.
A 이런, 미안. 까먹었네. 여기 초대장 있다.
B 맙소사! 그래서 엄마가 건망증이 심하다고들 하는군요.

능동태와 수동태는 서로 전환이 가능한데요. 모든 문장을 수동태로 전환할 수 있는 것은 아니고, 꼭 능동태 문장에 목적어가 있어야 해요. 즉 동사가 타동사이어야 한다는 말이죠. 따라서 자동사를 쓰는 1형식과 2형식은 수동태가 없고, 타동사를 쓰는 3형식, 4형식, 5형식의 문장을 수동태로 전환할 수가 있어요.

She helps me. <small>그녀가 나를 도와준다.</small>   능동태

수동태

위 문장은 3형식으로 주어 she가 목적어인 me에게 도움을 주는 능동적인 행동을 하는 능동태 문장이에요. 위의 문장을 수동태로 바꿀 수가 있어요.

I am helped by her. <small>나는 그녀에 의해서 도움을 받는다.</small> 수동태

주어 I가 by 이하인 her에 의해 도움을 받는 표현으로 수동태 문장이죠. 이 문장에서 주어는 능동적인 행동을 하는 것이 아니라 동작을 하는 by 이하의 행동을 받는(당하는) 거죠. 수동태로 전환된 문장은 by 이하가 부사구라서 문형에 포함되지 않으므로 주어와 동사만 있는 1형식 문장이 되죠. 능동태를 수동태로 바꿀 때에는 다음 몇 가지 규칙을 따라야 해요.

① 능동태의 목적어를 수동태의 주어로 바꾼다.
② 능동태의 주어를 수동태의 문장에서 〈by+목적격〉으로 바꾼다.
③ 능동태의 타동사를 수동태의 문장에서 〈be동사+pp〉로 바꾼다.
④ 능동태의 동사가 현재이면 수동태의 be 동사도 현재가 된다.
⑤ 능동태의 주어가 일반적인 사람을 나타내면 수동태의 〈by+목적격〉은 생략한다.

이의 변화를 다음 표로 확인해보죠.

태	예문	기본형태
능동태	She helps me. 주어 동사 목적어 그녀가 나를 돕는다.	주어+동사+목적어
수동태	I am helped by her. 주어 be동사 과거분사 나는 그녀에 의해 도움을 받는다.	주어+be동사+과거분사+by+목적격

목적어가 있는 모든 문장은 수동태로 전환할 수가 있다고 했는데요. 시제 편에서 공부한 12가지 시제 중 9가지 시제를 수동태로 전환해 볼 수가 있어요. 나머지 3개의 시제 즉, 현재완료진행형시제, 과거완료진행형시제, 미래완료진행형시제는 수동태 구문으로 거의 쓰이지 않아요.

시제	능동태	수동태
현재	She **helps** me.	I **am helped** by her.
현재진행형	She **is helping** me.	I **am being helped** by her.
현재완료	She **has helped** me.	I **have been helped** by her.
과거	She **helped** me.	I **was helped** by her.
과거진행형	She **was helping** me.	I **was being helped** by her.
과거완료	She **had helped** me.	I **had been helped** by her.
미래	She **will help** me.	I **will be helped** by her.
be going to (미래진행형대신)	She **is going to help** me.	I **am going to be helped** by her.
미래완료	She **will have helped** me.	I **will have been helped** by her.

그렇다면 왜 굳이 수동태 문장을 쓰는 걸까요? 항상 능동태 문장을 쓰면 동사의 구조가 수동태처럼 복잡하지 않아서 좋을 텐데 말이죠. 다음 예문을 살펴보면 그 이유를 알 수 있어요.

My phone **was stolen**.   내 휴대폰을 도난당했어.   **수동태**

⇒ Someone stole my phone.   누군가 내 휴대폰을 훔쳐갔어.   **능동태**

위 두 개의 문장을 비교하여 보면 휴대폰을 훔친 행위를 한 행위자가 분명하지 않아요. 또 한 예를 들어보죠.

The man **was killed**.   그 남자가 죽임을 당했어.   **수동태**

⇒ Someone killed the man.   누군가 그 남자를 죽였어.   **능동태**

위 문장의 내용은 주어 the man이 자살한 것이 아니라 어떤 사고 등으로 해서 죽임을 당한 거죠. 주어의 능동적인 행동이라기 보다는 행동을 당한 거예요. 여기에서 죽이는 행위를 한 사람 즉 행위자에 대해 알 수 있는 정보가 전혀 없어요. 이처럼 행위자가 분명하지 않고 죽임을 당한 사람에게 관심이 집중될 때에 수동태를 쓰죠. 행위자보다는 행동을 받은(당한) 사람이나 사물에 초점을 두고 강조하고자 할 경우에 수동태를 쓴다는 것을 이제 아셨죠?

수동태 문장을 우리말로 번역하면 표현이 다소 어색해지는데, 그 이유는 우리말에 수동태 구문이 없기 때문이에요. 물론 우리말에도 수동표현과 비슷한 피동문이 있으나, 문장 자체가 수동태의 구조를 갖는 우리말은 없죠. 예를 들어, '도둑이 순경에게 잡혔다'는 우리말의 피동문이고, '도둑이 순경에 의하여 잡혀졌다'는 영어의 수동태 구문이죠. 이제 수동태에 대한 공부를 본격적으로 시작하기로 해요.

I. 3형식 문형의 수동태

3형식은 〈주어+동사+목적어〉의 구조라는 것을 이미 공부하였다. 이 목적어가 수동태의 주어가 되면서 〈주어+be동사+과거분사+by+목적격〉의 구조로 변하게 된다. 즉 목적어가 사라지고 주어와 동사만 남게 되는 1형식문형이 되는 것이다.

He made this box. 그가 이 상자를 만들었어.　　　　　　　능동태=3형식

⇒ This box **was made** by him. 이 상자는 그에 의해 만들어졌어. 수동태=1형식

> was made : 주어가 단수이므로 be동사도 단수로 was임

She wrote the letters. 그녀가 그 편지들을 썼어.　　　　　　능동태=3형식

⇒ The letters **were written** by her.　　　　　　　　수동태=1형식
　　　그 편지들은 그녀에 의해 쓰여졌어.

> were written : 주어가 복수이므로 be동사도 복수로 were임

They sell shoes in the store. 그들은 가게에서 신발을 팔아.　능동태=3형식

⇒ Shoes **are sold** in the store(by them).　　　　　　수동태=1형식
　　　신발이 가게에서 판매되고 있어.

> are sold : 능동태의 시제가 현재이므로 수동태의 be동사도 현재임

2. 4형식 문형의 수동태

4형식은 〈주어+동사+간접목적어+직접목적어〉의 구조로 목적어를 두 개 필요로 하는 수여동사를 쓴다. 따라서 수동태의 문장도 간접목적어를 주어로 하는 경우와 직접목적어를 주어로 하는 경우가 있다.

I gave her a ring. 나는 그녀에게 반지 하나를 주었어.　**능동태=4형식**

⇒ **She** was given a ring by me.　간접목적어가 수동태의 주어가 됨=3형식
그녀는 나에 의해 반지 하나가 주어졌어.

She : 능동태의 목적어 her는 수동태의 주어자리로 이동하면서 주격 She로 바뀜

⇒ A ring was given her by me.　직접목적어가 수동태의 주어가 됨=3형식

⇒ A ring was given **to** her by me.　직접목적어가 수동태의 주어가 됨=1형식
반지가 나에 의해 그녀에게 주어졌어.

직접목적어가 수동태의 주어가 될 경우 남아있는 목적어 앞에 전치사를 붙일 수도 있고, 생략할 수도 있다. 목적어 앞에 전치사가 없을 경우에는 3형식이 되고, 전치사가 있을 경우에는 1형식이 된다. 하지만 흔히 간접목적어 앞에 전치사를 쓰는 것이 일반적이다. 전치사는 동사에 따라 달라진다. 동사가 send, tell, give, lend일 경우에는 to를 쓰고, make, buy, cook choose일 경우에는 for를 쓰고, ask, inquire, require일 경우에는 of를 쓴다. 하지만 수여동사라고 해서 간접목적어와 직접목적어를 모두 수동태의 주어로 취할 수는 없다.

She bought me a book. 그녀가 나에게 책을 사 주었어.　**능동태=4형식**

⇒ A book was bought **for** me by her.　직접목적어가 수동태의 주어가 됨=1형식
책은 그녀에 의해서 나에게 사주어졌지.

⇒ I was bought a book by her.　　　　　　　(X)

buy는 직접목적어만을 수동태의 주어로 삼을 수 있다. 간접목적어가 수동태의 주어가 될 경우 사람은 사고 팔 수 있는 물건이 아니므로 그 문장은 성립되지 않는다. 이처럼 직접목적어만이 수동태의 주어가 될 수 있는 동사로는 send, pass, make, write 등이 있다.

She made me a dress. 그녀가 나에게 드레스를 만들어 주었어.　**능동태=4형식**

⇒ A dress was made **for** me by her.　직접목적어가 수동태의 주어가 됨=1형식
드레스가 나를 위해 그녀에 의해서 만들어졌어.

⇒ I was made a dress by her.　　　　　　　(X)

4형식 수여동사 중의 하나인 make가 있는 문장을 수동태로 전환하고자 할 경우 간접목적어를 수동태의 주어로 삼을 수 없다. 이는 사람이 무슨 물건이나 옷처럼 만들어 질 수 있는 존재가 아니기 때문이다.

 ## 3. 5형식 문형의 수동태

5형식은 〈주어+동사+목적어+목적격보어〉로 수동태로 전환하게 되면 목적어가 사라지므로 2형식이 된다. 목적격 보어는 목적어가 아니므로 수동태의 주어가 될 수 없다.

We called him a fool. 우리는 그를 바보라고 불렀어.　　　　　　　**능동태**

⇒ He **was called** a fool by us. 그는 우리에 의해 바보로 불렸지.　　　**수동태**

⇒ A fool was called him by us.　　　　　　　　　　　　　　　X

I found him funny. 나는 그가 재미있다는 것을 알았어.　　　　　　**능동태**

⇒ He **was found** funny by me. 그가 재미있다는 것이 나에 의해 알려졌다. **수동태**

● 지각동사의 수동태

5형식문형에서 지각동사가 있을 경우 목적격 보어는 to가 없는 원형부정사를 쓴다. 이 문장을 수동태로 전환하면 없었던 부정사 to를 다시 써야 한다.

I saw her dance. 나는 그녀가 춤추는 것을 보았어.　　　　　　　**능동태**

⇒ She was seen **to dance** by me. 그녀는 나에 의해 춤추는 것이 보여졌어. **수동태**

They heard me sing. 그들은 내가 노래 부르는 것을 들었어.　　　　**능동태**

⇒ I was heard **to sing** by them. 나는 그들에 의해 노래 부르는 것이 들려졌어. **수동태**

● 사역동사 make의 수동태

지각동사의 수동태와 마찬가지로 사역동사 make는 원형부정사 앞에 to를 쓴다. 사역동사 let, have는 수동태가 없다.

He made me do it. 그는 내가 그것을 하게 했어.　　　　　　　　**능동태**

⇒ I was made **to do** it by him. 나는 그가 시켜서 그것을 하게 되었어.　 **수동태**

I made her go out. 나는 그녀를 외출하게 했어.　　　　　　　　**능동태**

⇒ She was made **to go** out by me. 그녀는 내가 시켜서 외출하게 되었어. **수동태**

여기서 잠깐

- 사역동사 let과 have가 있는 문장을 수동태로 전환하고 싶은데요.

원칙적으로 let과 have는 수동태 문장이 없는데요. 하지만 의미가 유사한 문장으로 바꿔서 전환할 수는 있어요.

He let me drive his car.
> 그는 내가 그의 차를 운전하도록 허락했어.
⇒ I was let to drive his car by him. (X)
⇒ I **was allowed** to drive his car by him. (O)
> 내가 그의 차를 운전하도록 그에게 허락을 받았어.

She had me carry her bag.
> 그녀가 나에게 그녀의 가방을 들게 했어.
⇒ I was had to carry her bag by her. (X)
⇒ I **was asked** to carry her bag by her. (O)
> 나는 그녀의 가방을 들어 달라고 그녀에게 부탁 받았어.

4. 진행형 수동태

진행형의 수동태는 〈be동사+being+과거분사+by+목적격〉의 구조이다. 진행형의 수동태에는 현재진행형 수동태, 과거진행형 수동태 그리고 〈be going to〉의 수동태가 있다. 미래진행형 수동태는 거의 쓰이지 않는 표현이다.

She is cleaning the room. 그녀는 방을 청소하고 있어.
⇒ The room is **being cleaned** by her.　　**현재진행형 수동태**
방이 그녀에 의해 청소되고 있어.

He was washing the car. 그는 세차하고 있었어.
⇒ The car **was being washed** by him.　　**과거진행형 수동태**
차가 그에 의해 세차되고 있었어.

I am going to invite her. 나는 그녀를 초대하려고 해.
⇒ She **is going to be invited** by me.   be going to 수동태
그녀는 나에 의해 초대받을 거야.

 5. 완료형 수동태

완료형의 수동태는 〈have+been+과거분사+by+목적격〉의 구조이다. 완료형의 수동태에는 현재
완료 수동태, 과거완료 수동태, 미래완료 수동태가 있다.

He has read the book for a week.
그는 일주일 동안 그 책을 읽어 왔다.

⇒ The book **has been read** for a week by him.   현재완료 수동태
그 책은 그에 의해 일주일 동안 읽혀져 왔어.

⇒ The book **had been read** for a week by him.   과거완료 수동태
그 책은 그에 의해 일주일 동안 읽혀져 왔었어.

⇒ The book **will have been read** for a week by him. 미래완료 수동태
그 책은 그에 의해 일주일 동안 읽혀질 거야.

 6. 의문문 수동태

의문문 수동태에는 의문사가 있는 경우와 의문사가 없는 경우가 있다. 의문문 수동태는 다소 까
다로워 바로 수동태구문으로 전환하기가 어렵다. 따라서 평서문–수동태–의문문의 과정을 거치면
이해하기가 쉽다.

Does she love you? 그녀는 너를 사랑하니?
⇒ She loves you.   평서문
⇒ You are loved by her.   수동태
⇒ **Are** you **loved** by her? 너는 그녀의 사랑을 받니? 의문문 수동태

Did she solve the problem? 그녀는 문제를 해결했니?

⇒ She solved the problem.   평서문

⇒ The problem was solved by her.   수동태

⇒ **Was** the problem **solved** by her?   의문문 수동태

그 문제는 그녀에 의해 해결되었니?

Who broke the window? 누가 유리창을 깼지?

⇒ The window was broken by whom.   평서문

⇒ **By whom** was the window broken? 의문사 who가 있는 의문문 수동태

⇒ **Who** was the window broken **by**? 일상에서 많이 쓰는 의문문 수동태

누구에 의해 그 창문이 깨졌지?

What did you want? 너는 무엇을 원했니?

⇒ You wanted what.   평서문

⇒ **What** was wanted by you?   의문사 what이 있는 의문문 수동태

무엇이 너에 의해 원해졌니?

7. 명령문 수동태

명령문은 상대방 You를 생략하는 것이 일반적이다. 따라서 수동태 구문에서 〈by+목적격〉을 쓰지 않는다. 명령문의 수동태는 〈Let+목적어+be+과거분사〉의 구조이다. 부정명령문의 수동태는 〈Don't let+목적어+be+과거분사〉 또는 〈Let+목적어+not+be+과거분사〉의 구조이다.

Pass it. 그것을 던져라.

⇒ Let it be passed. 그것을 던져지도록 해라.   긍정명령문 수동태

Don't wash it. 그것을 씻지 마라.

⇒ **Don't** let it be washed.   부정명령문 수동태

⇒ Let it **not** be washed.   부정명령문 수동태

그것을 씻겨지지 않도록 해라.

8. 타동사구의 수동태

자동사나 타동사에 전치사가 결합되어 동사적인 역할을 하는 구를 타동사구라 한다. 타동사구는 목적어가 있어야 하는 동사구로 전치사를 포함한 그대로 수동태로 사용해야 한다.

He looked at me. 그가 나를 보았어.   자동사+전치사

⇒ I **was looked at** by him.
　　나는 그에 의해 보여졌어.

수동태

I will take care of you. 내가 너를 돌볼게.   타동사+목적어+전치사

⇒ You **will be taken care of** by me.
　　너는 나에 의해 보살핌을 받을 거야.

She spoke well of you. 그녀가 너를 칭찬했어.   자동사+부사+전치사

⇒ You **were spoken well of** by her.
　　너는 그녀에 의해 칭찬을 받았어.

 9. 수동태와 전치사

이제까지 능동태를 수동태로 전환할 때 수동태 문장에서 목적격 앞에 전치사 by를 쓴다고 하였다. 그러나 동사가 감정, 심리, 상태를 나타낼 경우 by 이외에 관용적으로 다른 전치사를 쓰기도 한다.

The music interested me. 그 음악이 나의 흥미를 끌었어.

⇒ I **was interested in** the music. 나는 그 음악에 흥미가 있었어.

〈be interested in ~에 흥미가 있다〉

I disappointed them. 나는 그들을 실망시켰어.

⇒ They **were disappointed at** me. 그들은 나에게 실망했어.

〈be disappointed at ~에 실망하다〉

The gift pleased him. 그 선물이 그를 기쁘게 했어.

⇒ He **was pleased with** the gift. 그는 그 선물에 기뻐했어.

〈be pleased with ~로 기뻐하다〉

Smoke filled the room. 연기가 방을 채웠지.

⇒ The room **was filled with** smoke. 방은 연기로 가득 찼지.

〈be filled with ~로 가득 차다 〉

Everybody knows the poem. 누구나 다 그 시는 알아.

⇒ The poem **is known to** everybody. 그 시는 누구에게 다 알려져 있어.

〈be known to ~에 알려져 있다〉

여기서 잠깐

● by 이외의 전치사를 쓰는 수동태 구문은 또 어떤 것들이 있나요?

be married to ~와 결혼하다	be worried about ~을 걱정하다
be engaged to ~와 약혼하다	be convinced of ~을 확신하다
be known for ~으로 유명하다	be ashamed of ~을 부끄러워하다
be known as ~으로 알려져 있다	be satisfied with ~에 만족하다
be known by ~에 의해서 알 수 있다	be tired with ~로 피곤하다
be surprised at ~에 놀라다	be tired of ~에 싫증나다
be crowded with ~로 붐비다	be surrounded with ~로 둘러싸여 있다

10. 목적어가 명사절인 수동태

타동사의 목적어가 명사절인 경우로 that절을 수동태의 주어로 삼는다. that절이 수동태의 주어가
되면 주어가 너무 길게 되므로 가주어 it을 내세운다.

that he is selfish가 목적어로 수동태의 주어가 됨

수동태

They say **that he is selfish**. 사람들은 그가 이기적이라고들 한다.

⇒ **That he is selfish** is said by them.

⇒ **It** is said (by them) **that** he is selfish. 가주어 It이 수동태의 주어가 됨

⇒ **He** is said to be selfish.   that절의 주어가 수동태의 주어가 됨

그가 이기적이라고들 한다.

that he is a spy가 목적어로 수동태의 주어가 됨

I believe **that he is a spy**. 나는 그가 스파이라고 믿어.

⇒ **That he is a spy** is believed by me.

⇒ **It** is believed by me that he is a spy.

⇒ **He** is believed to be a spy by me.

그는 나에 의해 스파이라고 믿겨진다.

Exercises

A. 문맥에 맞는 것을 고르시오

1. This essay was (wrote, written) by her.

2. The mountain is covered (with, by) snow.

3. The movie is known (to, for) everybody.

4. She was seen (run, to run) by me.

5. I was invited by (she, her).

6. The car (has, have) been repaired for 3 days.

7. These pants (was, were) made by my mother.

8. He (says, is said) to be diligent.

9. The room was (be, being) cleaned by him.

10. He was taken good care (by, of by) me.

● Answers

1. written (수동태의 동사 구조는 〈be동사+pp〉이므로 write의 과거분사 written을 씀)
   이 에세이는 그녀에 의해 쓰여졌다.
2. with (be covered with~ 로 뒤덮여 있다) 산은 눈으로 뒤덮여 있다.
3. to (be known to ~에게 알려져 있다) 그 영화는 누구에게나 알려져 있다.
4. to run (지각동사가 있는 수동태구문에서는 원형부정사 앞에 부정사 to를 붙여야 함)
   그녀는 나에 의해 달리는 것이 보여졌다.
5. her (by가 전치사이므로 대명사는 목적격이 와야 함) 나는 그녀에 의해 초대받았다.
6. has (현재완료 수동태로 주어가 단수이므로 has를 써야 함) 차가 3일 동안 수선되었다.
7. were (주어가 복수이므로 수동태의 be동사도 복수를 씀) 이 바지는 우리 어머니에 의해 만들어졌다.
8. is said (주어가 일반적인 사람들에 말하여지는 수동태 구문임) 그는 부지런하다고들 한다.
9. being (진행형 수동태이므로 〈be+being+pp〉구조이어야 함) 방이 그에 의해 청소되고 있다.
10. of by (of는 앞 동사에 포함되고 by는 행위자 앞에 오는 전치사임) 그는 나의 보살핌을 잘 받았다.

B. 수동태 전환이 바른 것을 고르시오.

1. She wrote me a letter.
   - (　) I was written a letter by her.
   - (　) A letter was written to me by her.

2. Don't do that.
   - (　) Don't let that done.
   - (　) Let that not be done.

3. He kissed me.
   - (　) I am kissed by him.
   - (　) I was kissed by him.

4. Did he hit you?
   - (　) Did you hit by him?
   - (　) Were you hit by him?

5. The news shocked me.
   - (　) I was shocked by the news.
   - (　) I was shocked at the news.

● Answers

1. A letter was written to me by her. (write 동사가 있는 간접목적어는 수동태의 주어가 되지 못함)
   편지가 그녀에 의해 나에게 쓰여졌다.
2. Let that not be done. (부정명령문의 수동태 〈Don't let+목적어+be+과거분사〉 또는 〈Let+목적어
   +not+be+과거분사〉) 그것이 이루어지게 하지 마라.
3. I was kissed by him. (능동태의 동사가 과거이므로 수동태의 be동사도 과거이어야 함)
   나는 그에 의하여 키스를 당했다.
4. Were you hit by him? (의문사가 없는 의문문은 be동사로 시작함) 너는 그에 의해 맞았니?
5. I was shocked at the news. (be shocked at ~에 놀라다) 나는 그 소식에 깜짝 놀랐다.

chapter 09

부정사 Infinitive

부정사란 〈to + 동사의 원형〉을 말하는데요. 동사의 원형 앞에 to가 있으면 to 부정사(또는 부정사)라고 하고, to가 없으면 원형부정사(또는 to없는 부정사)라고 해요.

A Would you like **to go** to the movies tonight?   명사적 용법

B I'd love to, but I have lots of things **to do**.   형용사적 용법

A Well, I'll be very glad **to help** you.   부사적 용법

B Oh, thanks. It's very kind of you **to say** so.   It~of~to 부정사

A 오늘 저녁 영화 보러 가시겠어요?
B 그러고 싶지만 할 일이 많아서요.
A 저기, 당신을 도와 드린다면 매우 기쁘겠습니다.
B 고마워요. 그렇게 말씀하시다니 정말 친절하시군요.

부정사란 no, not, never와 같은 부정어를 말하는 것이 아니라, 어디에 규정 당하지 않는다는 의미에서의 부정사예요. 즉 〈to + 동사의 원형〉이 부정사의 기본형태인데, 이 형태가 주어의 수나 시제 또는 인칭에 제한을 받지 않는다는 것이죠.

① She wants **to see** you.

② She wanted **to see** you.

③ We want **to see** you.

①은 주어가 3인칭 단수로 동사가 현재이고, ②는 동사가 과거이고, ③은 주어가 복수인 문장들이나, to부정사는 이에 제한을 받지 않고 모두 to 뒤에 동사의 원형을 쓰고 있어요. 다시 말하면, 부정사란 인칭, 수, 시제 등에 제한을 받지 않는 동사형태예요. 사실 부정사는 동사의 성질을 가지고 있으나 문장에서 동사로 쓰이지 않고 명사, 형용사, 부사의 역할을 하는데요. 이처럼 문장에서 동사로는 쓰이지 못하나 주어, 보어, 목적어로 쓰이거나, 또는 명사, 형용사, 동사를 수식하는 동사를 준동사라고 해요. 부정사처럼 동사에 준하는 성질을 지니고 있는 준동사로는 동명사(10장)와 분사(11장)가 있어요.

To read comics is fun. 만화책을 읽는 것은 재미있어.

위 문장은 to부정사가 주어 자리에 와서 명사처럼 쓰였어요. 이를 명사적인 용법의 주어역할을 한다고 하죠. 다음 문장들은 각각 명사, 형용사, 동사를 수식하는 부정사들이에요.

④ I don't have money **to lend** you. 너에게 빌려 줄 돈이 없어.

⑤ I'm so sorry **to hear** that. 그런 말을 들으니 정말 안됐구나.

⑥ I want to **visit** you. 너를 방문하고 싶어.

④은 to부정사가 명사를 수식하여 형용사적인 역할을 하는 형용사적인 용법이고, ⑤는 to부정사가 형용사를 수식하여 부사적인 역할을 하는 부사적인 용법이고, ⑥은 to부정사가 타동사 want의 목적어 역할을 하는 명사적인 용법이에요. 부정사에서 공부해야 할 내용은 이 세 가지의 용법 외에도 be to 용법, 가주어+to 부정사, 가목적어+to 부정사, 의문사+to부정사, 독립 부정사 등이 있어요.

● to부정사의 구문을 부정하고 싶을 때는 어떻게 하나요?

부정사의 기본 형태가 〈to+ 동사의 원형〉이라고 했는데요. 이의 부정은 앞에 not을 붙여 간단하게 부정형을 만들 수가 있어요. 즉 〈not + to +동사의 원형〉의 구문이 되는 거예요.

> I want you to go there.
> 나는 네가 거기에 가길 바래.
> ⇒ I want you **not to go** there.　　　　　　　　　**to 부정사의 부정**
> 나는 네가 거기에 가지 않기를 바래.

원형부정사도 이와 같은 방식으로 부정형을 만들어요. to없는 부정사 앞에 not을 붙이면 되는 거죠. 즉 〈not + 동사의 원형〉의 구문이 되는 거예요.

> I saw you dance.
> 나는 네가 춤추는 것을 보았어.
> ⇒ I saw you **not dance**.　　　　　　　　　　　**원형부정사의 부정**
> 나는 네가 춤추지 않는 것을 보았어.

하지만 부정사를 부정하는 경우와 문장의 본동사를 부정하는 경우를 혼동하면 안돼요. 문장의 본동사를 부정하게 되면 문장 전체의 내용이 반대가 되죠.

> We decided **not to go** to Hawaii for our vacations.　　**부정사의 부정**
> 우리는 휴가로 하와이에 가지 않기로 결정했어.
> We **didn't decide** to go to Hawaii for our vacations.　**문장의 부정**
> 우리는 휴가로 하와이에 가기로 결정하지 않았어.

I. 명사적 용법 Verb + to - infinitive

부정사의 명사적인 용법은 부정사가 주어, 보어, 목적어로 사용된다. 명사적인 용법은 「~하는 것」으로 해석한다.

● 주어 역할
to부정사가 주어 자리에 오는 경우이다.

부정사

> **To love you** is not easy. 너를 사랑하는 것은 쉽지 않아.
>
> **To make money** is everybody's hope. 돈을 버는 것이 모든 이의 소망이야.
>
> **To listen to your teacher** is your duty. 선생님의 말씀을 듣는 것이 너의 의무야.

● 보어 역할
to부정사가 보어 자리에 오는 경우이다. 보어는 주어와 동격의 의미를 갖는다.

> My plan is **to study** abroad. 나의 계획은 해외에서 공부하는 것이야.
>   ⇒ my plan = to study abroad
>
> My hobby is **to sing and dance**. 내 취미는 춤추고 노래하는 것이야.
>   ⇒ my hobby = to sing and dance
>
> His goal is **to travel** the world. 그의 목표는 세계를 여행하는 것이야.
>   ⇒ his goal = to travel the world

● 목적어 역할
to부정사가 목적어 자리에 오는 경우이다. 문장의 본동사가 무엇이냐에 따라 목적어 자리에 to부정사가 올 수도 있고, 동명사가 올 수도 있다.

> We decided **to leave** tomorrow. 우리는 내일 떠나기로 결정했어.
>
> I hope **to see** you again. 다시 뵙기를 바랍니다.
>
> I want **to tell** you something. 너에게 할 말이 있어.

목적어 자리에 to부정사만 올 수 있는 동사로는 afford, agree, ask, demand, expect, fail, learn, need, plan, pretend, promise, refuse, wish, wait 등이 있다.

2. 형용사적 용법 Noun + to - infinitive

형용사는 명사를 수식하는 기능과 보어로 사용되는 기능이 있다. to 부정사가 명사를 수식하는 경우에는 한정적 용법이라 하고, to 부정사가 be동사 뒤에 쓰여 보어로 사용되는 경우에는 서술적 용법 또는 be to용법이라고 한다.

● 한정적 용법

to부정사가 앞에 있는 명사나 대명사를 수식한다. to부정사의 한정적 용법은 「~해야 할」로 해석한다.

to buy가 앞에 있는 명사 money를 한정 수식함

I have no money **to buy** it.   그것을 살 돈이 없어.

I have something **to tell** you.   너에게 할 말이 있어.

to tell이 앞에 있는 대명사 something을 수식함

〈명사 + to + 동사의 원형〉의 형용사적 용법에서 동사가 자동사일 경우에 동사 뒤에 전치사를 붙여야 한다. 또한 자동사 뒤의 전치사에 따라 그 의미가 달라지므로 주의해야 한다.

They have no house **to live in**.   그들은 살 집이 없어.

They have no food to **live on**.   그들은 먹고 살 음식이 하나도 없어.

They don't have any relatives **to live with**.   그들은 함께 살 친척이
아무도 없어.

They have no faith to **live by**.   그들은 지침으로 삼고 살 신앙이 없어.

live by : ~을 생활의 지침으로 삼다

to부정사가 숙어일 경우에도 전치사를 명시해야 한다.

I have a baby sister **to take care of**.   나는 돌보아야 할 아기 여동생이 있어.

I need someone **to depend on**.   나는 의지할 누군가가 필요해.

She has no friends **to talk with**.   그녀는 의논할 친구가 없어.

● 서술적 용법

to부정사가 be동사 뒤에 쓰인 be to용법으로 예정, 의무, 가능, 의도, 운명을 나타낸다.

🐾 예정

〈be + to부정사〉가 예정을 나타낼 때에는 미래를 나타내는 부사나 부사구와 함께 쓰이고, 뜻은 「~할 예정이다」이다. 주로 공식적인 계획이나 격식을 갖춘 문구 등을 나타낼 때 사용한다. 예정을 나타내는 be to 용법은 조동사 will이나, be due to, be scheduled to, be going to 등과 바꾸어 쓸 수 있다.

부정사

The talk **is to** be held next month.

⇒ The talk **will** be held next month.
회담은 다음 달에 열릴 예정이다.

President Bush **is to** visit Korea next week.
Bush 대통령이 다음 주에 한국을 방문할 것이다.

🐾 의무

〈be + to부정사〉가 의무를 나타낼 때에는 조동사 should 또는 must와 바꾸어 쓸 수 있다. 뜻은 「~해야 한다」이다.

You **are to** return home by 9. 9시까지 집에 돌아와야 해.

⇒ You **must** return home by 9.

You **are to** keep the rules. 규칙을 지켜야 해.

⇒ You **should** keep the rules.

🐾 가능

〈be + to부정사〉가 가능을 나타낼 때에는 조동사 can으로 바꾸어 쓸 수 있으며, 부정문이나 수동형 부정사로 많이 쓰인다.

Not a man **was to be seen**.

⇒ Not a man **can** be seen.
아무도 눈에 띄지 않았어.

The school **is to be seen** from my house.

⇒ The school **can** be seen from my house.
그 학교는 우리 집에서 볼 수 있어.

🔔 의도

〈be + to부정사〉가 의도를 나타낼 때에는 「~하고자 한다」의 뜻으로 intend to와 바꾸어 쓸 수 있다. 의도를 나타내는 be to 용법은 if절과 함께 쓰인다.

If you **are to** be the winner, you must work hard.

⇒ If you **intend to** be the winner, you must work hard.
승자가 되고자 한다면, 열심히 노력해야 해.

🔔 운명

〈be + to부정사〉가 운명을 나타낼 때에는 「~할 운명이다」의 뜻으로, be destined to, be doomed to와 바꾸어 쓸 수 있다. 주로 기사나 문학 작품에서 많이 볼 수 있는 표현이다.

He **was to** meet his family again.

⇒ He **was destined to** meet his family again.
그의 가족을 다시 만날 운명이었어.

She **was never to** return to her home.

⇒ She **was doomed never to** return to her home.
그녀는 고향으로 돌아가지 못할 운명이었지.

● be동사 다음에 to부정사가 올 경우 무슨 용법에 해당하나요?

be동사 뒤에 to 부정사가 오는 경우는 두 가지가 있는데요. 하나는 명사적인 용법으로 쓰이는 경우이고, 또 하나는 형용사적 용법의 be to 용법으로 쓰이는 경우에요. 형태가 동일해서 혼동할 우려가 있으나 그 의미는 전혀 다르죠. 명사적인 용법인 경우에는 「~하는 것」으로 해석해요. 반면 형용사적 용법의 (be to 용법)에는 5가지 용법이 있는데, 각 용법 마다 전후 내용을 보고 문맥에 맞게 해석을 해야 해요.

My hobby is **to cook**.   명사적인 용법
나의 취미는 요리하는 것이야.

He **is to** arrive here tonight.   형용사적 용법=be to 용법
그는 오늘 밤에 여기 도착할 거야.

하지만 위 두 용법 모두 to부정사가 문장의 보어로 쓰인 점은 같아요.

to부정사가 자동사 뒤에 쓰이면 주격보어이고, 목적어 뒤에 쓰이면 목적격 보어이다. 주격보어는 주어와 동일하고, 목적격 보어는 목적어와 동일하다.

He seems **to be happy**. 그는 행복해 보여.　　　　　　　**주격보어**

⇒ he = to be happy

She appears to **worry about him**. 그녀가 그를 걱정하는 듯이 보여. **주격보어**

⇒ she = to worry about

I want you **to be happy**. 나는 네가 행복하기를 바래.　　**목적격보어**

⇒ you = to be happy

I asked him **to help us**. 나는 그에게 우리를 도와 달라고 부탁했어. **목적격보어**

⇒ him = to help us

 ## 3. 부사적 용법 Adjective + to—infinitive

품사 편에서 살펴 보았듯이, 부사는 동사나 형용사 또는 다른 부사를 수식한다. to부정사도 이와 같은 부사의 기능을 한다. to 부정사의 부사적인 용법에는 목적, 결과, 원인, 양보, 조건, 판단의 근거, 정도 등 여러 가지의 뜻을 갖는다.

● 목적
　　to부정사가 목적의 뜻을 나타낼 때에는 「~하기 위하여」로 해석한다. 목적의 의미를 강조하고 자 할 때에는 〈in order to〉 또는 〈so as to〉를 쓰기도 한다.

We eat **to live**. 우리는 살기 위하여 먹는 거야.

= We eat **in order to live**.

= We eat **so as to live**.

I try **not to** fail. 나는 실패하지 않으려고 노력해.

= I try **in order not to** fail.

= I try **so as not to** fail.

● 결과

to부정사가 결과의 뜻을 나타낼 때에는 「~해서 ~하다」로 해석한다.

He grew up **to be** an actor. 그는 자라서 배우가 되었어.

I tried **only to fail**. 시도해 봤으나 결국 실패했어.

I tried hard **never to pass** the exam.
나는 열심히 노력했으나 결국 시험에 합격하지 못했어.

● 원인

to 부정사가 사람의 감정이나 태도를 나타내는 동사나 형용사를 수식할 경우 원인을 나타내어 「~하고서, ~하니」로 해석한다. smile, weep, laugh 등의 동사나, glad, happy, sorry, pleased, surprised, amazed, sad, disappointed 등의 형용사 등을 기억하면 도움이 된다.

I'm **sorry to hear** the bad news. 나쁜 소식을 듣게 되어 정말 유감이야.

She **smiled to see** me. 그녀가 나를 보고서 미소를 지었어.

I was **surprised to see** you there. 거기에서 너를 보게 되어서 놀랐어.

He was very **happy to get** your letter. 그는 너의 편지를 받고서 매우 기뻐했어.

● 양보

to부정사가 양보의 뜻을 나타낼 때에는 문장 전체를 수식하고 「비록 ~했으나」로 해석한다.

To do my best, I couldn't understand the book.
= **Though** I did my best, I couldn't understand the book.
비록 최선을 다했으나, 나는 그 책을 이해할 수가 없었어.

● 조건
to부정사가 조건의 뜻을 나타낼 때에는 「만약 ~한다면」으로 해석한다.

To go out at night again, you will be punished.

= **If** you go out at night again, you will be punished.

밤에 또 나가면, 너는 벌을 받을 거야.

They will be glad **to see** you. 그들은 너를 보면 기뻐할 거야.

I should be very happy **to visit** me here.

여기로 나를 찾아 온다면 나는 매우 기쁠 거야.

● 이유, 판단의 근거
to부정사가 판단의 근거를 나타낼 때에는 「~을 보니, ~하다니」로 해석한다. 감탄문, can't be 「~일 리가 없다」, must be 「~임에 틀림없다」와 같이 쓰인다.

How stupid you are **to believe** me! 내 말을 믿다니 정말로 너는 어리석구나!

You **must be** stupid **to believe** me. 내 말을 믿다니 너는 어리석은 게 분명해.

He **can't be** stupid **to solve** the question.

그 문제를 풀다니 그가 어리석을 리가 없어.

● 정도
to부정사가 형용사를 수식할 경우에는 정도의 뜻을 나타내어 「~하기에 ~하다」로 해석한다.

Math is **hard to master**. 수학은 정복하기가 어려워.

This box is **heavy to lift**. 이 상자는 들어 올리기가 무거워.

He is not **easy to please**. 그를 기쁘게 하기는 쉽지 않아.

4. it + to 부정사 가주어, 가목적어

흔히 부정사는 문장의 주어 또는 목적어로 It과 함께 쓰인다. It은 문장의 뒷부분에 있는 to부정사를 언급하는 것으로, 〈It = to + 부정사〉가 된다. 이때 It을 가주어 또는 가목적어, to이하를 진주어 또는 진목적어라고 한다. to 부정사가 문장의 주어 자리에 오는 구문(to부정사의 명사적인 용법= 주어 역할)보다 가주어 It을 내세우는 구문이 훨씬 많이 쓰인다. 이는 주어나 목적어를 간단히 표현하기 위해서이다.

> To ride a motorcycle is dangerous.
>
> = **It** is dangerous **to** ride a motorcycle.
>> 오토바이를 타는 것은 위험하지.   It은 가주어, to이하는 진주어

> To communicate with him is difficult.
>
> = **It** is difficult **to** communicate with him.
>> 그와 대화하는 것은 어려워.

가목적어와 진목적어가 있는 5형식 문장의 구조를 이해하려면 우선 다음 문장들이 변화하는 과정을 이해해야 한다.

>> 나는 그가 틀렸다고 생각해.
> I think that he is wrong.
>> ⇒ that 이하가 think의 목적어로 3형식이다.

> I think him to be wrong.
>> ⇒ that절의 주어 he가 think의 목적어가 된 5형식 문장이다.

> I think him wrong.
>> ⇒ 목적보어 앞의 to be를 생략한 5형식 문장이다.

위에서 든 예문은 that절의 주어가 대명사인 경우로 주어가 아주 짧은 경우이다. 하지만 다음의 문장에서는 that 절의 주어가 상당히 길다. 이럴 경우에 가목적어와 진목적어를 쓰게 되는데, 이의 변화 과정은 다음과 같다.

>> 거짓말하는 것은 나쁘다고 생각해.
> I think that to tell a lie is wrong.
>> ⇒ that절의 주어가 to tell a lie로 3형식 문장이다.

I think to tell a lie to be wrong.
⇒ that절의 주어 to tell a lie가 think의 목적어가 된 5형식 문장이다.

I think to tell a lie wrong.
⇒ 목적보어 앞의 to be를 생략한 5형식 문장이다.

it은 가목적어, to이하는 진목적어 (it = to tell a lie)

I think it wrong to tell a lie.
⇒ 목적어가 길어서 가목적어 it을 내세운 문장이다.

5. too/enough + to 부정사

to 부정사가 앞에 있는 부사 too나 enough를 수식하는 부사적인 용법으로 〈too ~ to〉는 「너무 ~해서 ~할 수 없다」의 뜻이고, 〈enough to〉는 「~하기에 충분히 ~하다」의 뜻이다. 〈too ~ to〉는 〈so that ~can't〉로, 〈enough to〉는 〈so that ~can〉으로 바꾸어 쓸 수 있다.

I am **too** tired **to** work.
⇒ I am **so** tired **that** I **can't** work.
나는 너무 피곤해서 일을 할 수가 없어.

You are strong **enough to** lift the rock.
= You are **so** strong **that** you **can** lift the rock.
너는 그 바위를 들어 올릴 정도로 충분히 힘이 세잖아.

enough가 형용사와 같이 쓰이면 〈형용사+ enough〉가 되고, 명사와 같이 쓰이면 〈enough + 명사〉가 된다.

He is **wise enough** to solve the riddle. 그는 수수께끼를 풀 정도로 충분히 현명해.

He has **enough wisdom** to solve the riddle.
그는 수수께끼를 풀기에 충분한 지혜가 있어.

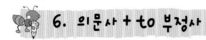

6. 의문사 + to 부정사

「의문사+ to부정사」는 명사의 역할을 하는 명사적인 용법으로서, 주어, 목적어, 보어 역할을 한다.
의문사 다음에 to부정사가 올 경우, 이를 〈의문사+주어+should+동사〉의 구문과 바꾸어 쓸 수
있다. 의문사 중에서 how, what, whom, when, where, whether를 제외한 why, whose는 다
음에 to부정사를 쓸 수 없다. see, know, tell, show, wonder, learn, ask, decide 등의 동사
와 같이 쓰이며, 뜻은 「~해야 할 지」이다.

What to do next is my problem.　　　　　주어 역할

　= **What I should do next** is my problem.

　　　다음에 무엇을 해야 할 지가 나의 문제야.

The point is **where to stay**.　　　　　보어 역할

　= The point is **where I should stay**.

　　　요점은 어디에서 묵어야 하느냐이지.

　　　　　　　　　whether는 문장 뒤에 or not을 붙일 수도 있고 생략할 수도 있음

I don't know **whether to go** there or not.　목적어 역할

　= I don't know **whether I should go** there or not.

　　　거기에 가야 할지 말아야 할지를 모르겠어.

I decided **whom to meet**.　누구를 만나야 할지를 결정했어.

I asked **how to get** there.　거기에 어떻게 가야 할지를 물었어.

　　　I asked **why to go** there.　　　　(X)

　　　I asked **whose to go** there.　　　(X)

　　　　　　　　　의문사 why와 whose는 다음에 to부정사를 쓸 수 없음

7. 부정사의 시제

부정사는 〈to +동사의 원형〉이 올 수도 있고, 〈to+ have+ 과거분사〉가 올 수도 있는데, 전자를 단순부정사라고 하고, 후자를 완료부정사라고 한다. 부정사의 시제가 본동사의 시제와 같거나 그 이후의 시제일 경우에는 단순부정사를 쓴다. 또한 부정사의 시제가 본동사의 시제보다 앞선 과거 시제일 경우에는 완료부정사를 쓴다.

부정사

부정사	형태	시제
단순부정사	to + 동사의 원형	본동사의 시제와 일치함
완료부정사	to + have + 과거분사	본동사보다 앞선 과거시제

He seems **to be** sick. 그는 아픈 것처럼 보여. 단순부정사
= It **seems** that he **is** sick.

He seemed **to be** sick. 그는 아픈 것처럼 보였어. 단순부정사
= It **seemed** that he **was** sick.

He seems **to have been** sick. 그는 아팠던 것처럼 보여. 완료부정사
= It **seems** that he **was** sick.

He seemed **to have been** sick. 그는 아팠던 것처럼 보였어. 완료부정사
= It **seemed** that he **had been** sick.

8. 부정사의 의미상 주어

to부정사의 동사도 당연히 주체가 있기 마련이다. 따라서 to부정사의 동사의 주체를 의미상의 주어라고 한다. 의미상의 주어는 흔히 〈for+목적격〉의 형태를 취하나 형용사에 따라 〈of+목적격〉의 형태를 취하는 경우도 있다. 또한 의미상의 주어를 생략하는 경우도 있다.

● 〈for+목적격〉의 형태를 취하는 경우

　　It is hard **for me** to drive.　나는 운전하기가 힘들어.

　　　⇒ to drive의 주체는 me

　　It was impossible **for her** to do that.　그녀가 그 일을 하는 것은 불가능 했어.

　　　⇒ to do that의 주체는 her

　　It is important **for him** to speak clearly.　그가 말을 정확하게 하는 것이 중요해.

　　　⇒ to speak clearly의 주체는 him

● 〈of + 목적격〉의 형태를 취하는 경우

문장의 보어로 쓰이는 형용사가 사람의 성질을 나타내는 형용사일 경우에 의미상의 주어는
〈of+목적격〉을 써야 한다. 이런 형용사로는 nice, silly, kind, rude, stupid, unfair, clever,
wise, cruel, careful, careless 등이 있다.

　　It's very nice **of you** to do that.　네가 그것을 하다니 매우 멋지구나.

　　It was silly **of her** to give it up.　그걸 포기하다니 그녀는 어리석었어.

　　It's kind **of him** to help her.　그녀를 도와주다니 그는 친절하구나.

● 의미상의 주어를 생략하는 경우

부정사의 주체가 문장의 주어와 일치하거나 또는 목적어와 일치하는 경우에 의미상의 주어를
생략한다. 또한 부정사의 주체가 일반인을 지칭하는 경우에도 의미상의 주어를 생략한다.

　　I want **to be** a dancer.　나는 댄서가 되고 싶어.

　　　⇒ to 부정사의 의미상의 주어 = 문장의 주어

　　I want **you to be** a dancer.　나는 네가 댄서가 되길 바래.

　　　⇒ to 부정사의 의미상의 주어 = 목적어

　　It is not easy **to master** English.　영어를 정복하는 것은 쉽지 않아.

　　　⇒ to 부정사의 의미상의 주어 = 일반인

9. 독립 부정사 Absolute Infinitive

독립부정사란 문장과 분리되어 독립적으로 쓰이는 부정사로, 문장 전체를 수식하는 부사적인 용법의 부정사이다.

To be honest with you, I hate him. 솔직히 말하자면, 나는 그가 싫어.

= **To tell the truth**, I hate him.

= **To be frank with you**, I hate him.

부정사

To be sure, he is a spy. 확실히, 그는 스파이야.

To be brief, he is a liar. 간단히 말하면, 그는 거짓말쟁이야.

= **To make a long story short**, he is a liar.

To begin with, the room is too small. 우선, 방이 너무 작아.

Exercises

A. 문맥에 맞는 것을 고르시오

1. (Read, To read) comics is interesting.

2. I have no place to live (in, on).

3. This water is not good (drink, to drink).

4. I went to the library (to, for) study.

5. The meeting (is, is to) be held this afternoon.

6. I called her last night in order (to, for) ask something.

7. She is (smart enough, enough smart) to solve the puzzle.

8. My aim is (make, to make) money.

9. I want (tell, to tell) you something.

10. I hope (to meet, meeting) you soon.

● Answers

1. To read (동사의 원형은 주어자리에 올 수 없음) 만화를 읽는 것은 재미있다.
2. in (문맥상 전치사 in이 자연스러움) 나에게는 살 곳이 없다.
3. to drink (to부정사가 앞에 있는 형용사를 수식하는 부사적인 용법) 이 물은 마시기에 좋지 않다.
4. to (목적을 나타내는 부사적인 용법) 나는 공부하기 위해 도서관에 갔다.
5. is to (예정을 나타내는 be to 용법임) 회의는 오늘 오후에 열릴 것이다.
6. to (in order to는 목적을 나타내는 부사적인 용법임)
     나는 무얼 좀 물어보기 위해서 어제 밤에 그녀에게 전화했다.
7. smart enough (enough는 형용사가 앞에 옴) 그녀는 그 퍼즐을 풀 정도로 충분히 영리하다.
8. to make (보어로 to 부정사인 명사적인 용법) 나의 목표는 돈을 버는 것이다.
9. to tell (동사와 동사 사이에는 부정사 to가 있어야 함) 너에게 할 말이 있다.
10. to meet (hope 다음에 목적어로 to부정사가 와야 함) 너를 곧 만나기를 바란다.

B. 우리말에 맞는 것을 고르시오.

1. 나는 돌보아야 할 동생이 있다.

( ) I have a brother to look.

( ) I have a brother to look after.

2. 아무 소리도 들을 수가 없다.

( ) Not a sound is to be heard.

( ) Not a sound can hear.

3. 사람들은 그 사고를 보고서 울었다.

( ) People wept to see the accident.

( ) People wept see the accident.

4. 거짓말을 하는 것은 나쁘다.

( ) To tell a lie is wrong.

( ) Tell a lie is wrong.

5. 나는 그곳에 정시에 도착하는 것이 불가능하다는 것을 알았다.

( ) I found it impossible be there on time.

( ) I found it impossible to be there on time.

● Answers

1. I have a brother to look after. 부정사의 숙어표현을 모두 명시해야 한다.
2. Not a sound is to be heard. 가능을 나타내는 be to용법이다. can be heard로 바꿀 수 있다.
3. People wept to see the accident. to 부정사가 동사를 수식하여 원인을 나타내는 부사적인 용법이다.
4. To tell a lie is wrong. 주어 자리에 올 수 있는 것은 명사적인 용법의 to 부정사이다.
5. I found it impossible to be there on time. 진목적어로 to부정사를 써야 한다.

PART4

동명사
〈동사의 원형+~ing〉의 형태를 취하여
명사의 역할을 하는 준동사이다.

분사
〈동사의 원형+~ing/ed〉의 형태를 취하여
동사/형용사의 역할을 하는 준동사이다.

관계대명사
앞 문장을 이어 받아서 관계를 나타내는
접속사 구실을 하는 대명사이다.

관계부사
앞 문장을 이어 받아서 관계를 나타내는
접속사 구실을 하는 부사이다.

chapter 10 동명사 Gerund

동명사란 동사의 원형에 ~ing을 붙인 것인데요. 〈동사의 원형 + ~ing〉의 형태를 취하는 준동사에는 동명사와 현재분사가 있어요. 동명사는 동사의 성질을 가지면서 명사의 역할을 하는 것이고, 현재분사는 동사의 성질을 가지면서 형용사의 역할을 해요. 형태가 똑같아서 동명사와 현재분사를 구별하기가 어렵다고 생각할 수도 있겠죠.

A I like **listening** to music. How about you?   동사 + 동명사

B Same here.

A What kind of music do you like?

B Actually, I'm fond of **listening** to jazz.   전치사 + 동명사

A 나는 음악 듣는 걸 좋아해. 너는?
B 나도 그래.
A 어떤 음악을 좋아하는데?
B 사실, 재즈 듣는 걸 좋아해...

동명사는「~하기 (위하여), ~하는 것」으로 목적이나 용도를 나타내고, 현재분사는 「~하고 있는」의 뜻으로 진행의 의미를 지니고 있어서 조금만 공부하면 쉽게 구분할 수 있어요.

① He is **sleeping**. 그는 자고 있어. **현재분사**

⇒ sleeping은 진행을 만드는 현재분사

② He is in the **sleeping** car. 그는 침대차에 있어. **동명사**

⇒ sleeping은 동명사로, 잠을 자기 위한 용도로 만들어진 기차의 칸을 나타냄

She is **waiting** in the **waiting** room. 그녀가 대기실에서 기다리고 있어.

앞에 있는 waiting은 현재분사   뒤에 있는 waiting은 동명사

He is **smoking** in the **smoking** room. 그가 흡연실에서 담배 피우고 있어.

앞에 있는 Smoking은 현재분사   뒤에 있는 Smoking은 동명사

동명사는 동사에 「~ing」를 덧붙였으니, 동사와 명사의 역할을 동시에 하는 셈이지요. 동사의 성질을 가지고 있으나 명사의 역할을 하므로 문장의 주어, 목적어, 보어로 쓰일 수가 있어요.

1. 동사 + ~ing Verbs + Gerund

● 문장에서 주어로 쓰인다. 동명사가 주어로 쓰인 경우 이를 to부정사로 전환해도 같은 의미가 된다.

Playing the piano is my hobby.

= **To play** the piano is my hobby.

피아노를 치는 것이 나의 취미야.

Fixing a car is not easy.

= **To fix** a car is not easy.

차를 고치는 일은 쉽지 않아.

Swimming is good for you.

= **To swim** is good for you.

수영하는 것이 너에게 좋아.

● 문장에서 보어로 쓰인다. 동명사가 보어를 쓰이는 경우 이를 to부정사로 전환해도 같은 의미가 된다.

동명사

My next plan is **traveling** Europe.

= My next plan is **to travel** Europe.

나의 다음 계획은 유럽을 여행하는 것이야.

The point is **getting** a job.

= The point is **to get** a job.

요점은 직업을 구하는 것이야.

My hope is **making** good friends.

= My hope is **to make** good friends.

내 바램은 좋은 친구를 사귀는 것이야.

● 문장에서 목적어로 쓰인다. 동명사만을 목적어로 취하는 타동사로는, avoid, admit, consider, delay, deny, enjoy, finish, give up, mind, postpone, put off, quit, risk, suggest 등이 있다.

She **admitted making** a mistake. 그녀는 실수를 저지른 것을 인정했어.

I **avoided answering** his question. 나는 그의 질문에 답하기를 피했어.

I've never **considered living** alone. 나는 결코 혼자 사는 것을 생각해 본 적이 없어.

She always **enjoys dancing**. 그녀는 항상 춤추기를 즐겨 해.

I've **finished cleaning** the house. 집안 청소를 끝냈어.

Would you **mind closing** the window? 창문을 닫아도 괜찮겠습니까?

He **quit working** here. 그는 여기에서 일하는 것을 그만 두었어.

quit-quit-quit : 동사의 변화가 모두 같은 불규칙 동사임

● 동명사의 부정은 어떻게 하나요?

to 부정사의 부정이 to 앞에 부정어를 붙였듯이, 동명사의 부정도 마찬가지로 동명사 앞에 not, never를 붙여요.

We talked about not having the party.
우리는 파티를 하지 않는 것에 대해 얘기했어.

다음은 부정어 위치가 다른 문장들인데 차이점을 살펴보기로 해요.

He suggested not using the machine. 　　동명사의 부정
그가 그 기계를 사용하지 말라고 제안했어.

He didn't suggest using the machine. 　　본동사의 부정
그가 그 기계를 사용하라고 제안하지 않았어.

동명사의 부정은 동명사 바로 앞에 부정어를 붙이고, 문장전체의 술어 즉 본동사를 부정하는 경우에는 동사 앞에 조동사 do/does/did를 붙이죠. 동명사를 부정하는 경우와 본동사를 부정하는 경우에 그 의미들이 달라져요.

2. 전치사 + ~ing Prepositions + Gerund

전치사의 목적어로 동사가 올 경우에는 반드시 동명사를 써야 한다. 전치사 in, for, about, after, by, without 등의 전치사 뒤에서 동명사를 쓴다.

I'm interested in learning things. 　　be interested in ~에 관심을 갖다
나는 배우는 일에 관심이 있어.

He is good at cooking. 그는 요리를 잘해. 　　be good at ~을 잘하다

I'm fond of swimming. 나는 수영을 좋아해. 　　be fond of ~을 좋아하다

How about playing soccer? 축구 하는 게 어때? How/What about ~ing? ~은 어때?

I worked late in spite of feeling ill. 　　in spite of ~ing ~에도 불구하고
나는 아팠음에도 불구하고 늦게까지 일했어.

We can't live **without eating**.

without ~ing ~하지 않고

우리는 먹지 않고는 살 수 없지.

I called her **before going** out.

before ~ing ~하기 전에

나는 나가기 전에 그녀에게 전화했어.

They got into the house **by breaking** a window.

by ~ing ~함으로

그들이 창문을 깨트리고 집 안으로 들어갔어.

● 전치사 다음에 동명사를 수반하는 타동사구를 정리해 주세요.

네. 상당히 많은 타동사구들이 있는데요. 흔히 우리가 숙어라고 외우던 표현들이죠. 타
동사 다음에 오는 전치사를 잘 기억해서 외우면 많은 도움이 될 거예요.

be excited about ~ing	~할 것에 흥분하다
be worried about ~ing	~할 것을 걱정하다
keep someone from ~ing	~하는 것을 못하게 하다
prevent someone from ~ing	~하는 것을 방해하다
prohibit someone from ~ing	~하는 것을 금지하다
stop someone from ~ing	~하는 것을 그만두게 하다
complain about/of ~ing	~하는 것에 대해 불평하다
dream about/of ~ing	~하는 것에 대해 꿈꾸다
talk about/of ~ing	~하는 것에 대해 얘기하다
think about/of ~ing	~하는 것에 대해 생각하다
believe in ~ing	~하는 것을 믿다
be participate in ~ing	~하는 것에 참가하다
succeed in ~ing	~하는 것을 성공하다
succeed to ~ing	~하는 것을 계승하다
be accused of ~ing	~한 것으로 비난받다
be capable of ~ing	~을 할 수 있다
take advantage of ~ing	~을 이용하다
take care of ~ing	~하는 것을 돌보다
be tired of ~ing	~하는 것에 싫증나다
be tired with ~ing	~하는 것에 지치다
insist on ~ing	~하는 것을 고집하다

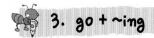 **3. go + ~ing**

〈go+ ~ing〉는 「~하러 가다」의 뜻으로, 주로 여가 활동을 위한 관용적인 표현으로 많이 쓴다.

> I'd like to **go skiing**. 스키 타러 가고 싶다.
>
> Let's **go swimming**. 수영하러 가자.
>
> We **went climbing** yesterday. 우리 어제 등반하러 갔어.
>
> What about **going jogging**? 조깅하러 가는 게 어때?
>
> Did you **go shopping**? 쇼핑하러 갔었니?
>
> They **went fishing**. 그들은 낚시하러 갔어.

이 밖의 표현으로, go boating(보트 타러 가다), go bowling(볼링 하러 가다), go camping(캠핑하러 가다), go dancing(춤추러 가다), go hiking(하이킹하러 가다), go hunting(사냥하러 가다), go sailing(배 타러 가다), go sightseeing(관광하러 가다), go skating(스케이트 타러 가다), go sledding(썰매 타러 가다), go window shopping(아이쇼핑 하러 가다), go bungee-jumping(번지점프 하러 가다) 등이 있다.

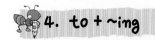 **4. to + ~ing**

to는 부정사로 쓰일 경우와 전치사로 쓰일 경우가 있다. 부정사로 쓰일 경우에는 다음에 동사의 원형이 와야 하고, 전치사로 쓰일 경우에는 동명사나 명사가 와야 한다.

> I prefer tea **to coffee**. 나는 커피보다 차를 더 좋아해.   전치사 to+명사
>
> I want **to drink** tea. 나는 차를 마시고 싶어.   부정사 to+동사의 원형
>
> I prefer staying at home **to going** out.   전치사 to+동명사
> 나는 밖에 나가는 것보다 집에 있는 것을 더 좋아해.
>
> I'm **looking forward to seeing** you soon.
> 너를 곧 만나기를 몹시 고대하고 있어.   look forward to+동명사 ~을 고대하다.

I **object to going** there.   object to+동명사 ~을 반대하다

나는 거기에 가는 것을 반대해.

You'll **be used to getting** up early.   be used to+동명사 ~에 익숙해지다

= You'll be accustomed to getting up early.

너는 일찍 일어나는 일에 익숙해 질 거야.

What do you say to taking a walk? What do you say to+동명사 ~하는 게 어때?

산책하는 게 어때?

 동명사

He **devoted himself to helping** people. devote oneself to+동명사 ~에 헌신하다

= He **dedicated himself to helping** people

그는 사람들을 돕는 일에 자신을 바쳤지.

5. 동명사와 부정사의 구별

타동사는 다음에 목적어로 to부정사만을 취하는 경우, 동명사만을 취하는 경우, to부정사와 동명사 모두를 취할 수 있으나 의미 차이가 없는 경우 또는 의미 차이가 있는 경우 등이 있다. 목적어로 to부정사만이 올 수 있는 동사로는, agree, care, choose, decide, declare, expect, hope, manage, plan, pretend, promise, refuse, want, wish 등이 있다. 주로 결정, 계획, 약속 등 미래나 소망을 나타내는 동사들이다. 다음은 to부정사와 동명사를 모두 취하는 경우 중 의미 차이가 없는 경우와 의미 차이가 있는 경우를 살펴보기로 한다.

● 의미차이가 거의 없는 경우 : begin, start, intend, continue, bother

He **began to cry**.

= He **began crying**.

그는 울기 시작했어.

I **intend to buy** a car.

= I **intend buying** a car.

나는 차를 살 작정이야.

She **continued to work**.

= She **continued working**.

그녀는 계속해서 일을 했어.

Don't **bother to fix** a lunch for me.

= Don't **bother fixing** a lunch for me.

나를 위해 일부러 점심을 만들 필요는 없어.

● 의미차이가 있는 경우 : remember, forget, stop, try, regret

동명사와 부정사의 차이를 크게 나누어 본다면, 동명사는 과거에 일어난 일이나 일반적인 것을 말할 때, to 부정사는 미래의 일이나 특수한 경우를 말할 때 쓰인다.

I **remember locking** the door.   과거의미

내가 문을 잠갔던 것을 기억하고 있어.

I **remembered to lock** the door later.   미래의미

나는 나중에서야 문을 잠가야 한다는 것이 생각났어.

I **forgot meeting** her. 나는 그녀를 만났던 것을 잊었어.   과거의미

I **forgot to meet** her. 나는 그녀를 만나야 할 것을 잊었어.   미래의미

They **stopped talking** suddenly.   ~하는 것을 그만두다

그들이 갑자기 얘기를 그만 두었어.

They **stopped to talk** suddenly.   ~하기 위하여 멈추다

그들은 얘기하기 위하여 갑자기 멈추었어.

I now **regret telling** the secret.   과거의미 = 후회표현

나는 비밀을 말했던 것이 지금 후회된다.

We **regret to inform** you that you failed the exam. 미래의미 = 유감표현

= We are sorry that we have to inform you that you failed the exam.

우리는 귀하가 시험에 떨어졌다는 것을 알리게 되어 유감스럽다.

I **tried moving** the table to the corner.   실험/시험 삼아 해보다

나는 시험 삼아 식탁을 코너로 옮겼어.

I **tried to move** the table, but it was too heavy.

나는 식탁을 옮기려고 했으나, 너무 무거웠어.   ~려고 노력하다/시도하다

You **need to clean** your room.   네 방을 청소할 필요가 있어.

Your room **needs cleaning**.   능동의미

= Your room needs **to be cleaned**.   수동의미

need, want, require는 「~을 필요로 하다, ~을 해야 한다」의 뜻으로, 다음에 동명사와 부정사가 모두 올 수 있다. 하지만 동명사가 올 경우에는 능동으로, 부정사가 올 경우에는 수동으로 표현해야 한다.

6. 동명사의 의미상 주어

동명사 역시 부정사와 마찬가지로 준동사에 속하므로 동사의 주체가 있다. 이 주체를 밝혀주는 것이 의미상의 주어가 된다. 동명사의 의미상의 주어는 원칙적으로는 소유격을 사용해야 하지만 소유격 대신 목적격을 쓰는 경우도 있다.

본동사 deny의 주체는 문장의 주어 She이고,
동명사 stealing의 주체는 her Son임

She denied **her son's** stealing the money.
그녀는 자신의 아들이 그 돈을 훔쳤다는 것을 부인했어.

동명사의 의미상의 주어가 명사인 경우에는 소유격과 목적격 둘 다 쓸 수 있다.

They didn't like **their daughter's** being weak.
그들은 자신들의 딸이 약해지는 것을 좋아하지 않았어.

= They didn't like **their daughter** being weak.

Do you like **Marsha's** going there? 너는 Marsha가 거기에 가는 것을 좋아하니?

= Do you like **Marsha** going there?

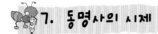

7. 동명사의 시제

동명사는 〈동사의 원형+~ing〉가 올 수도 있고, 〈having+ 과거분사〉가 올 수도 있는데, 전자를 단순동명사라고 하고, 후자를 완료동명사라고 한다. 동명사의 시제가 본동사의 시제와 같거나 그 이후의 시제일 경우에는 단순동명사를 쓴다. 또한 동명사의 시제가 본동사의 시제보다 앞선 과거 시제일 경우에는 완료동명사를 쓴다.

동명사	형태	시제
단순동명사	동사의 원형+~ing	본동사의 시제와 일치함
완료동명사	having + 과거분사	본동사보다 앞선 과거시제

● 본동사와 that의 시제가 동일할 경우 단순동명사를 쓴다.

> He was proud of **being** smart.
>
> = He **was** proud that he **was** smart.
>> 그는 자신이 똑똑한 것을 자랑스러워했어.

> 문장의 주어와 that절의 주어가 일치하는 경우 동명사의 의미상 주어를 생략함

> I'm sure of **his being** honest.
>
> = I'm sure that he **is** honest.
>> 나는 그가 정직하다는 것을 확신해.

> 문장의 주어와 that절의 주어가 다른 경우 동명사 앞에 의미상의 주어를 명시함

● 본동사보다 that절의 시제가 나중 시제를 나타낼 경우 단순동명사를 쓴다.

> I'm sure of **succeeding** in business.
>
> = I'm sure that I will succeed in business.
>> 나는 사업에 성공하리라는 것을 확신해.

> I was sure of **succeeding** in business.
>
> = I **was** sure that I **would** succeed in business.
>> 나는 사업에 성공하리라는 것을 확신했어.

● 본동사의 시제보다 that절의 시제가 하나 앞선 과거시제일 경우 완료동명사를 쓴다.

I am ashamed of **having been** foolish.

= I **am** ashamed that I **was** foolish.
나는 내가 어리석었던 것이 부끄러워.

I was ashamed of **having been** poor.

= I **was** ashamed that I **had been** poor.
나는 내가 가난했던 것을 부끄러워했어.

8. 동명사의 관용표현

다음은 동명사를 관용적으로 쓰는 표현들이다.

have fun/a good time ~ing : ~하면서 재미있게 보내다
We had fun playing soccer. 우리는 축구하면서 재미있게 놀았어.

have difficulty/trouble/a hard time ~ing : ~하느라 어려움을 겪다
I had difficulty finding this job. 나는 이 일자리를 찾느라 어려움을 겪었어.

spend/waste+시간/돈+~ing : ~하느라 시간/돈을 보내다/쓰다
We spend a lot of time watching TV. 우리는 TV보느라 많은 시간을 낭비하지.

It's no use/good ~ing : ~해도 소용없다
It's no use trying to persuade him. 그를 설득하려 해도 소용없어.

sit/stand/lie+장소+ ~ing : ~하면서 앉아 있다/서 있다/누워 있다
I sat at my desk reading a book. 나는 책을 읽으며 책상에 앉아 있었어.
I was lying in bed listening to music. 나는 음악을 들으며 침대에 누워 있었어.

cannot help ~ing : ～하지 않을 수 없다

  = cannot but+동사의 원형

She couldn't help laughing. 그녀는 웃지 않을 수가 없었지.

  = She cannot but laugh.

I couldn't help feeling for her. 나는 그녀에게 미안한 마음을 느끼지 않을 수가 없었어.

feel like ~ing : ～하고 싶은 생각이 들다

  = feel inclined to+동사의 원형

He didn't feel like going to work. 그는 일하러 가고 싶은 생각이 들지 않았어.

  = He didn't feel inclined to go to work.

be busy ~ing : ～하느라 바쁘다

They are busy preparing for the exam. 그들은 시험 준비하느라 바빠.

be worth ~ing : ～할 가치가 있다

  = be worth while to+동사의 원형

This book is not worth reading. 이 책은 읽을 가치가 없어.

  = This book is not worth while to read.

Was the movie worth seeing? 그 영화 볼 가치가 있었니?

not/never ~ without ~ing : ～할 때마다 ～한다

  = whenever+주어+동사, 주어+동사

He never saw the movie without crying. 그는 그 영화를 볼 때마다 울었어.

  = Whenever he saw the movie, he cried.

on/upon ~ing : ～하자 마자

  = as soon as+주어+동사

On seeing them, he ran away. 그들을 보자 마자, 그는 달아났어.

  = As soon as he saw them, he ran away.

in ~ing : ～할 때

  = when+주어+동사

They were drowned in crossing the river. 그들은 강을 건널 때에 익사했어.

  = They were drowned when they crossed the river.

be on the point of ~ing : 막 ~하려던 참이다

  = be about to+동사의 원형

I was on the point of taking a shower.   나는 막 샤워하려던 참이었어.

  = I was about to take a shower.

It goes without saying that~ : ~은 말할 필요도 없다

  = It is needless to say that~

It goes without saying that he loves you. 그가 너를 사랑한다는 것은 말할 필요도 없어.

  = It is needless to say that he loves you.

of one's own ~ing: 자신이 직접 ~ 한

It is a job of your own choosing.   그건 네 자신이 직접 선택한 직업이야.

동명사

Exercises

A. 문맥에 맞는 것을 고르시오

1. I enjoy (to read, reading).

2. I'm poor at (sing, singing).

3. (Wash, Washing) a car is my job.

4. He often goes (sailing, sail).

5. I prefer apples to (eat oranges, oranges).

6. He devotes much time to (read, reading).

7. How about (to go, going) to the museum?

8. I must finish (to make, making) a kite by tomorrow.

9. He didn't admit (to tell, telling) lies.

10. You need to give up (to smoke, smoking).

● Answers

1. reading (enjoy 다음에는 동명사만이 올 수 있음) 나는 독서를 즐겨 한다.
2. singing (전치사 다음에 동명사를 써야 함) 나는 노래를 못한다.
3. Washing (주어자리에 동사의 원형은 올 수 없음) 세차하는 것이 내 일이다.
4. sailing (go+ ~ing: ~하러 가다) 그는 자주 배 타러 간다.
5. oranges (앞에 있는 to가 전치사이므로 명사가 와야 함) 나는 오렌지보다 사과를 더 좋아한다.
6. reading (to는 전치사임) 그는 독서에 많은 시간을 바친다.
7. going (about이 전치사이므로 동명사가 와야 함) 박물관 가는 게 어떠니?
8. making (finish 다음에 목적어로 동명사가 와야 함) 나는 내일까지 연 만들기를 끝내야 한다.
9. telling (admit 다음에 목적어로 동명사가 와야 함) 그는 거짓말 한 것을 인정하지 않았다.
10. smoking (give up 다음에는 동명사만이 올 수 있음) 너는 담배를 끊는 것이 좋겠다.

B. 우리말에 맞는 것을 고르시오.

1. 내일 테니스 하는 게 어때?
   ( ) What about play tennis tomorrow?
   ( ) What about playing tennis tomorrow?

2. 도와 주셔서 감사합니다.
   ( ) Thank you for help me.
   ( ) Thank you for helping me.

3. 어렸을 때 파리에 갔던 것이 생각난다.
   ( ) I remember going to Paris when I was young.
   ( ) I remember to go to Paris when I was young.

4. 내 재킷을 세탁해야 한다.
   ( ) My jacket needs cleaning.
   ( ) My jacket needs being cleaned.

5. 나는 그곳에 가야 할 것을 잊었다.
   ( ) I forgot going there.
   ( ) I forgot to go there.

● Answers

1. What about playing tennis tomorrow? about은 전치사이므로 다음에 동명사가 와야 한다.
2. Thank you for helping me. for는 전치사이므로 동명사가 와야 한다.
3. I remember going to Paris when I was young. remember 다음에 동명사가 오면 과거의 의미이다.
4. My jacket needs cleaning. need 다음에는 능동동명사나 수동부정사가 와야 한다.
5. I forgot to go there. forget 다음에 부정사가 오면 미래의 의미가 된다.

chapter 11 분사 The -ing/-ed Clauses

부정사, 동명사에 이어 준동사의 마지막에 해당하는 분사를 공부할 시간인데요. 분사에는 동사의 원형에 ~ing를 붙인 현재분사와, ~ed를 붙인 과거분사 두 가지 형태가 있어요.

A Do you know the boy talking to Marsha?
_{현재분사}

B Which one? The one wearing glasses?
_{현재분사}

A No. The boy standing against the wall, with his arms folded.
_{현재분사}   _{과거분사}

B He's Joel. Frankly speaking, he's my cousin.
_{비인칭 독립분사구문}

A Marsha에게 얘기하고 있는 애 아니?
B 어떤 애? 안경 쓴 애?
A 아니. 팔짱 낀 채, 벽에 기대고 서 있는 애.
B Joel이야. 솔직히 말해, 나의 사촌이지.

부정사가 명사, 형용사, 부사의 역할을 하고, 동명사가 명사의 역할을 하는 반면, 분사는 동사 또는 형용사의 역할을 해요. 동사의 성질을 그대로 지니고 있으면서 명사를 직접 수식하는 형용사 역할을 하는 거예요.

이 준동사들의 차이점을 다시 한번 다음 문장을 통해서 간략하게 정리해 보죠.

분 사

> **To sleep** is important. 잠자는 것은 중요하다.　　　　부정사
> ⇒ to부정사가 주어자리에 와서 명사 역할을 한다.

> **Sleeping** is important. 잠자는 것은 중요하다.　　　　동명사
> ⇒ 동명사가 주어자리에 와서 명사 역할을 한다.

> He is **sleeping**. 그는 잠자고 있다.　　　　현재분사
> ⇒ 현재분사가 본동사로 쓰여 진행을 만든다.

> He is sleeping, with his legs **crossed**.　　　　과거분사
> 그는 다리를 꼰 채 잠자고 있다.
> ⇒ 과거분사가 형용사로 쓰여 수동의 의미를 지닌다.

> Look at the **sleeping** baby. 잠자고 있는 애기를 보아라. 현재분사
> ⇒ 현재분사가 형용사로 쓰여 명사를 수식한다.

> Look at the **fallen** leaves. 떨어진 잎을 보아라.　　　　과거분사
> ⇒ 과거분사가 형용사로 쓰여 명사를 수식한다.

이처럼 분사는 동사와 형용사의 역할을 하고 있는데요. 분사에는 〈동사+~ing〉형태와 〈동사+~ed〉형태가 있어요. 전자를 현재분사라 하고, 후자를 과거분사라 하죠. 분사는 형용사로 쓰일 경우 명사를 직접 수식해요. 또한 현재분사가 동사로 쓰일 경우 진행, 능동의 의미를 지니고, 과거분사는 상태, 수동의 의미를 지니고 있어요.

분사	형태	역할	뜻
현재분사	동사의 원형+~ing	형용사역할 - 명사 수식 동사역할 - 진행, 능동의미	~하고 있는
과거분사	동사의 원형+ ~ed	형용사역할 - 명사 수식 동사역할 - 완료, 수동의미	~한, ~된

1. 분사의 형태 현재분사 / 과거분사

● **현재분사**

현재분사는 형용사로 쓰인 경우 명사를 수식하고, 동사로 쓰이는 경우에는 자동사의 현재분사
와 타동사의 현재분사로 구분할 수 있다. 자동사의 현재분사는 「~하고 있는」의 뜻으로 진행
의 의미이고, 타동사의 현재분사는 「~하게 하는, ~시키는」의 뜻으로 능동, 사역의 의미이다.

He is **swimming**.　그는 수영하고 있어.　　　　　　　　　**자동사의 현재분사**

Look at the **swimming** boy.　수영하고 있는 아이를 보아라.　**자동사의 현재분사**

자동사의 현재분사는 진행을 나타내고 능동의 의미를 지님

The game is **interesting**.　그 경기는 흥미진진하다.　　**타동사의 현재분사**

It is an **interesting** game.　그것은 흥미진진한 경기이다.　**타동사의 현재분사**

● **과거분사**

과거분사도 현재분사와 마찬가지로 형용사로 쓰인 경우에는 명사를 수식하고, 동사로 쓰인 경
우에는 자동사의 과거분사와 타동사의 과거분사로 나눌 수 있다. 자동사의 과거분사는 「~한,
~해 버린」의 뜻으로 완료나 상태의 뜻이고, 타동사의 과거분사는 「~당한, ~받은, ~된」의
뜻으로 수동의 의미를 지니고 있다.

The flowers are **faded**.　꽃들이 시들었어.　　　　　　　**자동사의 과거분사**

The **faded** flowers are roses.　시든 꽃들은 장미야.　　**자동사의 과거분사**

자동사의 과거분사는 상태나 완료를 나타내고 형용사 역할을 함

They are **excited**.　그들은 흥분했어.　　　　　　　　　　**타동사의 과거분사**

과거분사는 사람이 주어가 되어 사람의 감정상태를 나타냄

They are **excited** spectators. 그들은 열광된 관중이야. 타동사의 과거분사

excited는 수동의 의미를 지닌 타동사의 과거분사로 형용사 역할을 함

● 분사를 관계대명사절로 바꿀 수 있나요?

네, 바꿀 수 있어요. 분사는 명사를 수식하는 형용사 역할을 한다고 했는데요. 자동사든 타동사든 또는 현재분사든 과거분사든 모두 형용사절 즉 관계대명사절의 주격으로 바꿀 수가 있어요.

I know the girl **talking** to John.   자동사의 현재분사
  ⇒ I know the girl **who is talking** to John.   관계대명사
  나는 John에게 얘기하고 있는 여자 아이를 알아.
    ⇒ 자동사의 현재분사는 진행의 의미임.

He was sweeping the **fallen** leaves.   자동사의 과거분사
⇒ He was sweeping the leaves **which had fallen**. 관계대명사
그는 떨어진 잎들을 쓸고 있었어.
⇒ 자동사의 과거분사는 완료나 상태를 나타냄.

It is a **boring** book. 그건 지루한 책이야.   타동사의 현재분사
⇒ a book **which bores** me   나를 지루하게 하는 책 관계대명사
⇒ 타동사의 현재분사는 능동의 의미임.

The boy was **bored**. 그 아이는 지루해졌어.   타동사의 과거분사
⇒ the boy who **was bored**. 지루해진 아이   관계대명사
⇒ 타동사의 과거분사는 수동의 의미임

이렇게 분사를 관계대명사절로 바꾸어 놓고 보니 분사에 함축되어 있던 의미가 분명해지는군요. 다소 혼란스러웠던 용어나 표현들이 이제 많이 정리가 되었을 거예요.

2. 분사의 용법 한정적 용법 / 서술적 용법

분사는 분사 전후에 있는 명사를 수식하는 형용사 역할을 한다. 형용사 역할을 하는 분사는 한정적인 용법과 서술적인 용법으로 나눌 수 있다. 한정적인 용법은 분사가 명사의 전후에 와서 직접 명사를 수식하는 용법이다. 서술적인 용법은 분사가 주격보어 또는 목적격 보어로 쓰이는 경우이다.

● 한정적인 용법

분사가 명사를 직접 수식하는 경우를 한정적인 용법이라고 한다.

명사를 수식하는 경우 – 분사가 앞이나 뒤에서 수식할 수 있다.

Who is the **running** boy? 달리고 있는 아이가 누구지?

Look at the **broken** window. 깨진 창문을 보아라.

I bought a watch **made** in Switzerland. 나는 스위스에서 만든 시계를 샀어.

The man **waiting** outside is my father. 밖에서 기다리고 있는 분은 나의 아버지야.

대명사를 수식하는 경우 – 분사가 항상 뒤에서 수식한다.

They need something **exciting**. 그들에게는 뭔가 흥미진진한 게 필요해.

There was nobody **injured**. 다친 사람은 아무도 없었어.

Of those **invited**, only he was from Japan.
초대받는 사람들 중에서 그만이 일본 출신이었어.

He never did anything **boring**. 그는 지루하게 하는 것은 아무것도 하지 않았어.

There is/are 뒤에서 – 분사가 항상 뒤에서 명사를 수식한다.

There is a man **waiting** for you. 너를 기다리고 있는 사람이 있어.

There are some cars **parked** outside. 밖에 주차해있는 차가 몇 대 있어.

There were some children **swimming** in the river.
강에서 수영하고 있는 아이들이 있었어.

There is a course **beginning** next week. 다음 주에 시작하는 코스가 있어.

● 서술적인 용법

분사가 주격보어 또는 목적격보어로 쓰이는 경우를 서술적 용법이라고 한다.

■ 현재분사가 주격보어로 쓰인 경우

Math is very **interesting**. 수학은 매우 재미있어.

The news was **shocking**. 그 소식은 충격적이었어.

He sat **listening** to music. 그는 음악을 들으며 앉아 있었어.

I stood **looking** at the mountain. 나는 산을 바라보며 서 있었어.

■ 과거분사가 주격보어로 쓰인 경우

I'm **satisfied** with my job. 나는 내 일에 만족해.

We were **disappointed** with the movie. 우리는 그 영화에 실망했어.

I'm quite **confused** about it. 그것이 상당히 혼동된다.

He sat **surrounded** by children. 그는 아이들에 둘러싸여 앉아 있었어.

■ 현재분사가 목적격보어로 쓰인 경우

I saw him **walking**. 나는 그가 걷고 있는 것을 보았어.

I found it **interesting**. 나는 그것이 재미있다는 것을 알았어.

I heard them **whispering** to each other.
나는 그들이 서로에게 속삭이는 소리를 들었어.

■ 과거분사가 목적격보어로 쓰인 경우

The interview result made me **depressed**. 면접 결과가 나를 우울하게 했어.

I heard my name **called**. 나는 내 이름이 불리는 소리를 들었어.

I had my car **repaired**. 나는 내 차를 수리하게 했어.

분사

3. 분사구문 The -ing Clause

분사구문이란 현재분사나 과거분사를 이용하여 부사절을 부사구로 만드는 것을 말한다. 기본적인 전환 방법은 부사절에 있는 접속사와 주어를 없애고, 동사의 원형에 -ing를 붙여 분사를 만든다.

> When I saw her, I smiled at her.
>
> ⇒ **Seeing** her, I smiled at her.
> > 내가 그녀를 보았을 때, 나는 그녀를 보고 미소 지었어.

접속사가 있는 부사절을 분사가 있는 부사구로 만들 때에는, ① 접속사를 없애고, ② 부사절의 주어와 주절의 주어가 같으므로 주어도 생략하고, ③ 동사 saw의 원형 see에 -ing를 붙여 seeing을 만든다. 이를 시간을 나타내는 분사구문이라고 한다. 분사구문의 종류에는 시간, 이유, 조건, 양보, 부대상황이 있다.

● 시간

분사구문이 시간을 나타낼 때에는 접속사 when, as, before, after, while, as soon as 등이 내포되어 있다.

> **Taking** a shower, he always sings.
>
> ⇒ When he takes a shower, he always sings.
> > 샤워할 때, 그는 항상 노래를 불러.

> **Having** dinner, you need to wash your hands.
>
> ⇒ Before you have dinner, you need to wash your hands.
> > 저녁 먹기 전에 손을 씻어야 해.

> **Seeing** a police officer, he ran away.
>
> ⇒ As soon as he saw a police officer, he ran away.
> > 그는 경찰을 보자 마자, 달아났어.

● 이유

분사구문이 이유를 나타낼 때에는 접속사 as, because, since 등이 내포되어 있다.

> **Feeling** tired, he stayed at home.
>
> ⇒ As he felt tired, he stayed at home.
> > 그는 피곤했기 때문에, 집에 있었어.

Getting up late, I missed the bus.

⇒ Since I got up late, I missed the bus.

늦게 일어났기 때문에, 나는 버스를 놓쳤어.

Being tired, he didn't go out.

⇒ Because he was tired, he didn't go out.

그는 피곤해서, 나가지 않았어.

● 조건

분사구문이 조건을 나타낼 때에는 접속사 if가 내포되어 있다.

Turning to the left, you can see the building.

⇒ If you turn to the left, you can see the building.

왼쪽으로 돌면, 그 건물이 눈에 띌 거야.

Taking this train, you won't be late.

⇒ If you take this train, you won't be late.

이 기차를 타면, 너는 늦지 않을 거야.

Starting now, you can catch the train.

⇒ If you start now, you can catch the train.

지금 출발하면, 기차를 탈 수 있어.

● 양보

분사구문이 양보를 나타낼 때에는 even if, though, although 등이 내포되어 있다.

Being young, he is a wise boy.

⇒ Though he is young, he is a wise boy.

비록 그는 어리지만, 현명한 아이야.

Living in England, she can't speak English.

⇒ Even if she lives in England, she can't speak English.

비록 그녀는 영국에 살지만, 영어를 말하지 못해.

Feeling tired, she kept walking.

⇒ Though she felt tired, she kept walking.

비록 지치긴 했으나, 그녀는 계속해서 걸었어.

● 부대상황

부대상황을 나타내는 분사구문은 동시동작과 연속동작이 있다. 동시동작은 접속사 while, as
가 내포되어 있고, 연속동작은 접속사 and가 내포되어 있다. 동시동작은 「~하면서」의 뜻으
로 동작이 동시에 일어나는 경우이고, 연속동작은 「그리고 ~하다」의 뜻으로 동작이 연속적으
로 일어나는 경우이다.

Barking loudly, the dog was chasing after him.   동시동작
큰 소리로 짖으면서, 개가 그 뒤를 쫓고 있었어.

I cleaned the house, **going** out for lunch.   연속동작
집안 청소를 하고, 점심을 하러 나갔어.

〈with+목적어+분사〉 구문도 「~한 채로」의 뜻으로 동시동작을 나타내는 부대상황이다. 이때 분사
가 현재분사이면 목적어의 능동적인 동작을 나타내고, 과거분사이면 목적어의 수동적인 동작을
나타낸다.

He was reading, **with his wife sleeping** beside him. with+목적어+현재분사
그는 책을 읽고 있었고, 그의 아내는 그 옆에서 자고 있었어.

He sat silently, **with his eyes closed**.   with+목적어+과거분사
그는 눈을 감은 채 말없이 앉아 있었어.

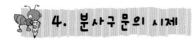

4. 분사구문의 시제

분사구문의 시제에는 단순 분사구문과 완료 분사구문이 있다.

● 단순 분사구문

분사구문의 시제가 주절의 시제와 같을 때 이를 단순 분사구문이라고 한다. 형태는 〈동사의
원형+ ~ing〉이다.

Walking along the river, I saw a stranger.
⇒ When I **walked** along the river, I **saw** a stranger.
강을 산책할 때, 나는 낯선 사람을 보았어.

Doing his best, he failed.

⇒ Although he **did** his best, he **failed**.

비록 최선을 다했으나, 그는 실패했어.

● 완료 분사구문

분사구문의 시제가 주절의 시제보다 한 시제 앞선 시제일 때 이를 완료 분사구문이라고 한다. 형태는 〈Having+과거분사〉이다.

Having finished my homework, I went out to play.

⇒ As I **had finished** my homework, I **went** out to play.

숙제를 다 했기 때문에, 나는 놀러 나갔어.

had finished : 부사절의 시제가 주절의 시제보다 하나 더 과거시제임

Having read the book, I returned it to him.

⇒ After I **had read** the book, I returned it to him.

그 책을 읽은 후에, 나는 그에게 되돌려 주었어.

여기서 잠깐

● 분사도 생략할 수 있나요?

네, 생략할 수 있는 분사가 있어요. 단순 분사구문에서 Being을, 완료 분사구문에서 Having been을 생략할 수 있죠.

Being tired of his lies, she left him.

= Tired of his lies, she left him.   Being의 생략

⇒ As she was tired of his lies, she left him.

그의 거짓말에 진력이 나서, 그녀는 그를 떠났어.

Having been born a century ago, he wouldn't have been a scientist.

= Born a century ago, he wouldn't have been a scientist.

Having been의 생략

⇒ If he had been born a century ago, he wouldn't have been a scientist.

만약 그가 100년 전에 태어났다면, 그는 과학자가 되지 못했을 텐데.

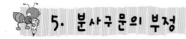

5. 분사구문의 부정

분사구문을 부정할 때에는 부정사, 동명사의 경우와 마찬가지로 부정어 not, never를 분사구문 앞에 붙인다.

Not knowing what to say, I kept silent.

⇒ As I didn't know what to say, I kept silent.

무슨 말을 해야 할지 몰랐기 때문에, 나는 침묵을 지켰어.

Never having received an answer, I decided to visit him.

⇒ As I had never received an answer, I decided to visit him.

답장을 받지 못했기 때문에, 나는 그를 찾아가기로 결정했어.

Not being interested in the movie, he went out in the middle of it.

⇒ As he was not interested in the movie, he went out in the middle of it.

영화에 관심이 없었기 때문에, 그는 중간에 나가 버렸어.

Never being tired with the work, he kept working without resting.

⇒ As he was never tired with the work, he kept working without resting.

그는 결코 일하느라 지치지 않았기 때문에, 쉬지 않고 계속 일했지.

> 부사절의 주어는 the weather이고, 주절의 주어는 we로 주어가 서로 다르므로 분사 앞에 the weather를 명시해야 하는데, 이때 부정어 not은 분사 바로 앞에 붙여야 함

The weather **not improving**, we had to change the plan.

⇒ As the weather did not improve, we had to change the plan.

날씨가 좋아지지 않았기 때문에, 우리는 계획을 바꿔야 했어.

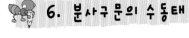

6. 분사구문의 수동태

분사구문의 수동태는 〈being+과거분사〉 또는 〈having been+과거분사〉로 나타내는데, being이나 having been은 흔히 생략한다.

(Being) injured in the accident, he couldn't walk.

⇒ As he was injured in the accident, he couldn't walk.
사고로 다쳐서, 그는 걸을 수가 없었어.

(Having been) wounded in his legs, he gave up the match.

⇒ As he had been wounded in his legs, he gave up the match.
다리에 부상을 입었기 때문에, 그는 그 시합을 포기했어.

(Being) wounded in the legs, I couldn't walk.

⇒ As I was wounded in the legs, I couldn't walk.
다리에 부상을 입었기 때문에, 나는 걸을 수가 없었어.

7. 현재분사와 동명사의 구별

현재분사와 동명사는 똑같이 동사의 원형에 -ing를 붙이기 때문에 자칫 혼동하기가 쉽다. 그러나 현재분사와 동명사는 그 의미와 쓰임이 전혀 다른 문법이다. 현재분사는 be 동사 뒤에 놓여 진행형시제를 만들거나 또는 명사 전후에 놓여 명사를 수식하는 형용사로 쓰인다. 반면 동명사는 주어, 보어, 목적어 자리에 와서 명사 역할을 하거나 또는 명사의 앞에 놓여 목적이나 용도로 쓰인다.

He is **waiting** downstairs.   그가 아래층에서 기다리고 있어.   **현재분사**

⇒ waiting은 be 동사 뒤에서 진행형 시제를 만든다.

Stay in this **waiting** room.   어디 가지 말고 이 대기실에 있어라.   **동명사**

⇒ waiting은 명사 앞에 놓여 목적이나 용도를 나타낸다.

Look at that **waiting** girl.   저기 기다리고 있는 소녀를 보렴.   **현재분사**

⇒ waiting은「~하고 있는」의 뜻으로 명사 앞에 놓여 형용사로 쓰인다.

She is **collecting** old coins. 그녀는 옛날 동전을 수집하고 있어. 현재분사

Collecting old coins is her hobby. 동명사

옛날 동전을 수집하는 것이 그녀의 취미야.

Walking is good exercise. 걷기는 좋은 운동이야. 동명사

Walking fast, I felt tired. 현재분사

⇒ As I walked fast, I felt tired.

빨리 걸었기 때문에 나는 지쳤다.

8. 독립분사구문

분사구문의 의미상 주어가 주절의 주어와 같을 때 이를 분사구문이라고 한다. 그렇다면 독립분사
구문이란 무엇인가? 독립분사구문이란 분사구문의 의미상 주어가 주절의 주어와 다른 경우를 말
한다. 이렇게 서로 주어가 다른 경우 분사 앞에 주어를 명시해야 하는데, 이를 분사구문의 의미상
의 주어라고 한다.

Taking a shower, I slipped on the tile floor. 분사구문

= While **I** was taking a shower, **I** slipped on the tile floor.

샤워를 하다가, 나는 타일 바닥에 미끄러졌어.

⇒ 샤워를 한 주어와 미끄러진 주어가 같기 때문에 분사구문 앞에 의미상의 주어를
쓰지 않는다.

It being fine, we went on a picnic. 독립분사구문

= As **it** was fine, **we** went on a picnic.

날씨가 좋았기 때문에, 우리는 피크닉을 갔어.

⇒ 분사의 주어는 날씨 즉 It이고, 주절의 주어는 we로, 서로 주어가 다르므로 분사의 의
미상 주어를 명시한다.

My mother being sick, I had to stay at home.

= As my mother was sick, I had to stay at home.

어머니가 아팠기 때문에, 나는 집에 있어야 했어.

I was singing, **my sister** dancing to my song.

나는 노래를 부르고, 내 동생은 내 노래에 맞춰 춤을 추고 있었지.

9. 비인칭 독립분사구문

독립분사구문은 원칙적으로 앞에 의미상의 주어를 명시해야 한다. 하지만 의미상의 주어가 생략을 해도 알 수 있는 일반적인 사람을 나타내는 경우에는 이 의미상의 주어를 생략할 수 있는데, 이를 비인칭 독립분사구문이라 한다. 생략할 수 있는 의미상의 주어로는 we, you, they, one, people 등이 있다.

Generally speaking, people like money.

= If we speak generally, people like money.

일반적으로 말한다면, 사람들은 돈을 좋아해.

⇒ 부사절의 주어와 주절의 주어가 서로 다르나 we가 일반적인 사람을 나타내므로 생략하고 분사구문을 만든다. 이때 주의 할 것은 분사구문 앞에 부사를 위치시켜야 한다.

Judging from his accent, he is from London.

= If we judge from his accent, he is from London.

그의 억양으로 판단해 보면, 그는 런던 출신이야.

(Being) compared with her, he is not so strong.

= If he is compared with her, he is not so strong.

그녀와 비교해 보면, 그는 그다지 강하지 않아.

Talking of movies, I hate horror movies.

= If we talk of movies, I hate horror movies.

영화로 말하자면, 나는 공포 영화를 싫어해.

Considering her age, she looks very young.

⇒ If you consider her age, she looks very young.

⇒ For her age, she looks very young.

그녀의 나이에 비하면, 그녀는 매우 젊어 보이지.

Strictly speaking, spiders are not insects.

⇒ If we speak strictly, spiders are not insects.

엄격히 말해서, 거미는 곤충이 아니야.

Roughly speaking, we need about 5 million won.

⇒ If we speak roughly, we need about 5 million won.

대강 말해서, 5백 만원이 필요해.

Frankly speaking, we miss you. 솔직히 말한다면, 우리는 네가 그리워.

⇒ If we speak frankly, we miss you.

IO. 분사의 기타용법

−ing와 −ed의 형태를 이용한 분사의 다른 용법들이 있다.

● 〈명사＋ −ed〉 형태

명사 다음에 과거분사가 오면 「～을 가진」의 뜻이다.

I saw a **one-eyed** monster. 나는 눈이 하나인 괴물을 보았어.

I met a **good-natured** girl. 나는 마음이 착한 여자아이를 만났어.

This is a **long-tailed** monkey. 이것은 꼬리가 긴 원숭이야.

● 〈부사＋ −ed〉 형태

부사 다음에 과거분사가 오면 형용사의 역할을 한다.

English is **widely spoken**. 영어는 널리 쓰인다.

The wall is **newly painted**. 벽을 새로 칠했어.

He is a **well trained** player. 그는 잘 훈련된 선수야.

● 〈the+분사〉
the 뒤에 현재분사나 과거분사가 와서 단수 보통명사, 복수 보통명사, 추상명사의 뜻을 지닌다.

The deceased was a great poet. 고인은 훌륭한 시인이었어. **단수 보통명사**

The injured were all taken to the hospital. **복수 보통명사**
부상자들은 모두 병원으로 수송되었어.

People have a fear of **the unknown**. **추상명사**
사람들은 미지의 세계에 대해 두려움을 갖고 있어.

분 사

Exercises

A. 문맥에 맞는 것을 고르시오

1. It was an (interested, interesting) event.

2. I had my hair (cut, cutting).

3. (Meet, Meeting) you again, I'll be very glad.

4. I heard my name (called, calling).

5. The weather (being, be) fine, we went out for a walk.

6. (Speaking frankly, Frankly speaking), he is lazy.

7. The dog was (waited, waiting) outside.

8. He got a letter (written, writing) in Chinese.

9. She was washing the dishes, (sang, singing) songs.

10. The man (smoked, smoking) in the room is my uncle.

● Answers

1. interesting (현재분사가 와서 능동의 의미를 나타냄) 그것은 재미있는 행사였다.
2. cut (목적격보어에 과거분사가 와서 수동의 의미를 나타냄) 나는 머리카락을 자르게 했다.
3. Meeting (현재분사는 동사의 원형에 -ing를 붙임) 너를 다시 만난다면, 나는 매우 기쁠 것이다.
4. called (목적어가 사물이므로 목적보어는 목적어와 수동관계를 이루는 과거분사를 씀)
   나는 내 이름이 불리는 소리를 들었다.
5. being (독립분사구문으로 분사의 형태가 와야 함) 날씨가 좋았기 때문에, 우리는 산책하러 나갔다.
6. Frankly speaking (비인칭 독립분사구문으로 부사가 분사 앞에 와야 함)
   솔직히 말한다면, 그는 게으르다.
7. waiting (진행을 만드는 현재분사가 와야 함) 개가 밖에서 기다리고 있었다.
8. written (목적격보어에 과거분사가 와서 수동의 의미를 나타냄) 나는 중국어로 쓰여진 편지를 받았다.
9. singing (동시동작을 나타내는 부대상황은 〈~, + -ing〉로 나타냄)
10. smoking (진행의 의미를 나타낼 때에는 현재분사를 씀) 방에서 담배 피우는 분은 우리 삼촌이다.

B. 문맥에 맞는 것을 고르시오.

1. 유리창이 깨졌다.
   (　　) The window is broken.
   (　　) The window is breaking.

2. 그는 침낭에서 자고 있다.
   (　　) He is sleeping in the slept bag.
   (　　) He is sleeping in the sleeping bag.

3. 나는 내 가방을 도난당했다.
   (　　) I had my bag stealing.
   (　　) I had my bag stolen.

4. 형과 비교해 보면, 그는 그리 현명하지 않다.
   (　　) Compared with his brother, he is not so wise.
   (　　) Comparing with his brother, he is not so wise.

5. 축구 경기가 대단히 흥미진진했다.
   (　　) The soccer game was very excited.
   (　　) The soccer game was very exciting.

● Answers

1. The window is broken.　과거분사가 와서 상태의 의미를 지닌다.
2. He is sleeping in the sleeping bag.　목적이나 용도를 나타낼 경우에는 분사를 쓰지 않고 동명사를 쓴다.
3. I had my bag stolen.　목적격보어에 과거분사가 와서 목적어와 수동 관계를 나타낸다.
4. Compared with his brother, he is not so wise.　분사구문을 부사절로 전환해 보면, If he is compared with his brother, ~ 이므로 원래는 Being compared with his brother, ~ 으로 전환이 된다. 그런데 Being 은 생략이 가능하므로 결국 Compared with his brother, ~의 구문이 맞는 표현으로 비인칭 독립분사구문이다.
5. The soccer game was very exciting.　주어가 사물이면 현재분사를 쓰고 주어의 상태를 나타낸다.

chapter 12

관계대명사 Relative Clauses

관계대명사는 관련이 있는 두 개의 문장을 하나로 연결할 때 쓰는데요. 이 때 접속사와 대명사를 하나로 묶어 관계대명사를 이용하는 거예요.

A Do you know the girl who is at the door?
　　　　　　　　　　관계대명사 주격

B Yeah. That is the very girl that I met at the party.
　　　　　　　　　　　　　　관계대명사 목적격

　A 문가에 와 있는 여자 애 아니?
　B 응, 파티에서 만난 바로 그 애야.

관계대명사는 접속사와 대명사의 역할을 동시에 하는 셈이죠. 두 개의 문장에서 동일한 대상의 반복을 피하고 대신 관계대명사를 이용하여 간단하게 하나의 문장으로 만드는 거에요. 하지만 관계대명사 자체는 해석을 하지 않아요.

I know a girl. She is from Rome. 나는 한 소녀를 알아. 그녀는 로마에서 왔어.

위의 두 개의 문장을 접속사 and를 이용하여 하나의 문장으로 연결할 수 있어요.

I know **a girl** and **she** is from Rome.
나는 한 소녀를 알아 그리고 그녀는 로마에서 왔어.

접속사 and를 이용하여 하나의 문장이 되긴 했는데, 명사 a girl과 대명사 she가 동일한 대상이에요. 이처럼 동일한 대상의 반복은 관계대명사를 이용하여 피할 수 있죠.

I know a girl **who** is from Rome. 나는 로마에서 온 한 소녀를 알아.

여기에서 관계대명사 who는 접속사 and와 대명사 she를 하나로 묶어주는 기능을 해요. 이때 관계대명사 앞에 있는 a girl은 관계대명사 who절이 수식하는 명사로 선행사라고 부르죠. 또 대명사 she가 주어이므로 관계대명사 주격이라고 하는 거에요.

이번에는 소유격이 있는 문장이 하나의 문장으로 전환되는 과정을 보기로 해요.

I know a girl. Her name is Pearl. 나는 한 소녀를 알아. 그녀의 이름은 Pearl 이야.

⇒ I know a girl **and her** name is Pearl.
나는 한 소녀를 알고 그녀의 이름은 Pearl 이야.

⇒ I know a girl **whose** name is Pearl. 나는 이름이 Pearl 인 소녀를 알아.

접속사 and와 소유격 her가 결합하여 whose가 되었는데, 이 whose를 관계대명사 소유격이라고 하는 거에요.

이제 관계대명사 목적격의 문장이 형성되는 과정을 보기로 하죠.

This is the girl. I like her. 얘가 그 소녀야. 나는 그녀를 좋아해.

⇒ This is the girl **and** I like **her**. 얘가 그 소녀이고 나는 그녀를 좋아해.

⇒ This is the girl **whom** I like. 얘가 내가 좋아하는 그 소녀야.

이제 관계대명사 whom이 접속사 and와 목적어 her가 결합된 것이라는 사실을 아셨겠죠? 이처럼 두 문장을 관계대명사를 이용하여 하나의 문장으로 바꾸게 되면 대명사를 반복하지 않아도 되니 문장이 좀 간단해지겠죠.

관계대명사는 선행사가 무엇이냐에 따라서, 또 격이 무엇이냐에 따라서 다양한 변화를 보이는데요. 다음 표를 참조하여 선행사의 종류별로 격변화를 정리해 보죠.

선행사	주격 관계대명사	소유격 관계대명사	목적격 관계대명사
사람일 때	who	whose	whom
사물, 동물일 때	which	whose / of which	which
사람, 사물, 동물일 때	that	-	that
선행사를 포함할 때	what	-	what

여기서 잠깐

- who는 관계대명사인가요, 의문대명사인가요?

  관계대명사로 쓰일 수도 있고, 의문대명사로 쓰일 수도 있어요.
  관계대명사로 쓰인 who는 앞에 선행사가 있어야 해요. 관계대명사절은 앞에 있는 선행사를 수식하므로 형용사절이라고도 해요. 반면 의문대명사는 who앞에 선행사가 없어요. 이럴 경우 문장에서 명사절을 이끈다고 해요.

Do you know the lady **who** called the police? 경찰에 전화한 부인을 아니?	관계대명사
Do you know **who** called the police? 누가 경찰에 전화했는지 아니?	의문대명사
Who are you? 너는 누구니?	의문대명사

1. 주격 관계대명사 Subjective Case

〈접속사+대명사〉로 연결된 관계대명사에서 대명사가 주어이면 주격 관계대명사라고 한다. 주격 관계대명사 다음에는 동사가 온다.

I know the boy **who** broke the window.　　　선행사가 사람일 때
　　나는 창문을 깬 아이를 알아.

관계대명사

Look at the book **which** is on the desk.　　　선행사가 사물일 때
　　책상 위에 있는 책을 보아라.

Look at the boy and the dog **that** are playing together.
　　함께 놀고 있는 소년과 개를 보아라.　　　　　　선행사가 사람+사물일 때

2. 소유격 관계대명사 Possessive Case

〈접속사+대명사〉로 연결된 관계대명사에서 대명사가 소유격이면 소유격 관계대명사라고 한다. 소유격 관계대명사 다음에는 명사가 온다.

This is the girl **whose** name is Jane.　　　선행사가 사람일 때
　　이 애가 이름이 Jane인 소녀야.

I had a car **whose** color was red.　　　선행사가 사물일 때
　　나는 색깔이 빨강색인 자동차가 있었지.

= I had a car **of which** the color was red.

= I had a car the color **of which** was red.

I know a boy **whose** bicycle is new.　　나는 자전거가 새 거인 아이를 알아.

This is the man **whose** car was stolen.　　이 분이 차를 도난 당한 사람이야.

3. 목적격 관계대명사 Objective Case

〈접속사+대명사〉로 연결된 관계대명사에서 대명사가 목적격이면 목적격 관계대명사라고 한다. 목적격 관계대명사 다음에는 〈주어+동사〉가 온다. 또한 목적격 관계대명사는 생략이 가능하다.

I know the girl. You are looking for her.

= I know the girl **whom** you are looking for. 선행사가 사람일 때
네가 찾고 있는 여자 애를 알아.

This is the bag. You are looking for it.

= This is the bag **which** you are looking for. 선행사가 사물일 때
이것이 네가 찾고 있는 가방이야.

Do you know the man and his house? You met them yesterday.

= Do you know the man and his house **that** you met yesterday?
선행사가 사람+사물일 때
네가 어제 만난 남자와 그의 집을 아니?

The woman **who/that** helped me was my aunt.
나를 도와 주었던 분은 우리 이모였어.

The pen **which/that** is on the table is mine. 책상 위에 있는 펜은 내 거야.

4. 관계대명사의 한정적 용법과 계속적 용법

관계대명사절에는 한정적 용법과 계속적 용법이 있다.

● 한정적 용법

관계대명사가 앞에 있는 명사, 즉 선행사를 한정해서 수식하는 경우 이를 한정적 또는 제한적 용법이라고 한다. 관계대명사절이 선행사를 수식하는 형용사적인 역할을 하는 형용사절이기도 하므로 해석할 때에는 관계대명사절부터 해야 한다. 한정적 용법에서는 관계대명사 앞에 ,(콤마)가 없다. 앞에서 공부한 관계대명사는 모두 한정적 용법이다.

I have two dogs **which** are very loyal. 충직하지 않은 개가 더 있을 수 있음

나는 매우 충직한 개 두 마리가 있어.

which : 앞에 있는 선행사 two dogs를 한정시켜 수식함

● 계속적 용법

관계대명사의 계속적 용법은 관계대명사절이 선행사를 한정 수식하는 것이 아니라, 선행사에
대해 부연 설명을 하는 용법이다. 한정적 용법이 관계대명사절에 의해 선행사의 의미를 제한
시켜 주는 반면에, 계속적 용법은 선행사의 의미를 부연해서 설명해 준다. 따라서 해석은 앞
에서부터 순차적으로 해야 하고, 관계대명사절 앞에 (콤마)를 붙인다.

I have two dogs, **which** are very loyal.   개는 두 마리 밖에 없음

나는 개 두 마리가 있는데, 아주 충직해.

관계대명사의 계속적 용법은 〈접속사+대명사〉로 바꾸어 쓸 수 있는데, 문장의 전후 관계를 파
악해서 접속사 and, but, for, though 중 문맥에 맞는 접속사를 선택해야 한다.

I met Jessica, who told me the news.
⇒ I met Jessica, **and she** told me the news.

나는 Jessica를 만났는데, 그녀가 나에게 그 소식을 말해 주었어.

I met Jessica, who didn't tell me the news.
⇒ I met Jessica, **but she** didn't tell me the news.

나는 Jessica를 만났으나, 그녀는 나에게 그 소식을 말해 주지 않았어.

I don't like the book, which is very boring.
⇒ I don't like the book, **for it** is very boring.

나는 그 책이 맘에 들지 않아, 그 이유는 지루해서야.

I don't see her often, who lives next door.
⇒ I don't see her often, **though she** lives next door.

나는 그녀를 자주 보지 못해, 비록 옆 집에 살아도.

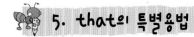

5. that의 특별용법

관계대명사 that은 다른 관계대명사와 달리 몇 가지 특별한 용법이 있다. that은 선행사가 사람, 사물, 동물 또는 사람+사물, 사람+동물일 때 모두 쓰일 수 있다. that은 주격과 목적격만 있고, 소유격은 없으며, who, whom, which대신에 쓸 수 있다.

● 선행사가 사람+사물/동물일 때

We looked at **Tim and his dirty bike that** were in the garden.
우리는 정원에 있는 Tim과 그의 더러운 자전거를 보았어.

Did you see a **boy and his dog that** were playing in this park?
이 공원에서 놀고 있던 남자 애와 그의 개를 보았니?

● 선행사에 최상급과 서수가 올 때

He is **the tallest** man **that** I have ever met.
그는 내가 이제까지 만나 본 가장 키가 큰 사람이야.

This is **the best** movie **that** I've ever seen.
이것이 내가 이제까지 본 최고의 영화야.

That was **the first** time **that** I had ever been to a foreign country.
그 때가 내가 외국에 가 본 최초였지.

● 선행사에 the only(유일한), the very(바로 그), the same(똑같은)이 올 때

You are **the only** boy **that** tells lies in our family.
너는 우리 집안에서 거짓말을 하는 유일한 아이야.

He is **the very** man **that** I saw there. 그가 내가 거기에서 본 바로 그 사람이야.

This is **the same** book **that** I lost.   이것이 내가 잃어버린 바로 그 책이야.

● 선행사에 all, each, every, no, any등이 올 때

These are **all** the coins that I have.   이것들이 내가 가지고 있는 동전 전부야.

She welcomes **every** man **that** visits her.

그녀는 자신을 찾아오는 사람은 모두 다 환영하지.

Any man **that** knows the secret will be surprised.

그 비밀을 아는 사람은 누구나 다 놀랄 거야.

There is **no** one **that** doesn't love his kids.

자기 자식을 사랑하지 않는 사람은 아무도 없어.

관계대명사

● 선행사가 – thing일 때 : everything, nothing, something, anything

I have **something that** I can show you.   너에게 보여 줄 게 있어.

I didn't have **anything that** I didn't tell you.

너에게 말하지 않은 건 아무것도 없었어.

I will tell you **everything that** happened to me.

내게 일어난 모든 일을 다 말해 줄게.

● 의문사 who가 선행사일 때

Who that knows him will trust him?   그를 아는 사람이라면 누가 그를 믿겠니?

● that은 한정적 용법에만 쓰이고, 계속적인 용법에는 쓸 수 없다.

I have a sister, **that** sings well.   (**X**)

I have a sister, **who** sings well.   나는 언니가 하나 있는데, 노래를 잘해. (**O**)

6. 관계대명사 what

지금까지 살펴 본 관계대명사가 선행사를 수식하는 형용사절이었다면, 관계대명사 what은 명사절을 이끈다. 관계대명사 what 자체에 선행사를 포함하고 있기 때문에 선행사를 쓸 경우에는 that 이나 which로 바꿔야 한다. what은「~하는 것」으로 해석하고, the thing that/which, things that/which, that which, all that과 바꾸어 쓸 수 있다. 명사절을 이끄는 what은 문장에서 주어, 목적어, 보어 역할을 한다.

She showed me **the thing which/that** she had.

⇒ She showed me **what** she had.

그녀는 자신이 가지고 있는 것을 나에게 보여주었어.

● 주어 역할

What he did : 주어를 이끄는 명사절

What he did was not right.

⇒ **The thing which** he did was not right.

그가 한 일은 옳지 않았어.

What I have to do is to take care of her.

⇒ **The thing that** I have to do is to take care of her.

내가 해야 할 일은 그녀를 돌보는 것이야.

● 보어 역할

That is not **what** I did.

⇒ That is not **the thing which** I did.

그건 내가 한 것이 아니야.

This is **what** he made.

⇒ This is **the thing that** he made.

이것이 그가 만든 것이야.

● 목적어 역할

Show me **what** you have.

⇒ Show me **the thing that** you have.
네가 가지고 있는 것을 보여 줘.

I'll tell you **what** you want to hear.

⇒ I'll tell you **the thing which** you want to hear.
네가 듣고 싶어 하는 말을 해 주지.

● 관용적인 표현

관계대명사 what을 이용한 관용적인 표현들은 따로 기억해야 한다.

I am not **what I was**.   나는 예전의 내가 아니야.

I don't judge you by **what you have**.   나는 네 재산으로 너를 평가하지 않아.

He is, **what is called**, a genius.   그는 소위 천재야.

> what one is : 현재의 인격, 인물,
> what one has : 가지고 있는 것, 재산
> what is called : 소위, 말하자면
> = what you (we, they) call

It didn't stop raining, and **what is worse**, we got lost.
비가 그치지 않고 내렸는데, 설상가상으로, 우리는 길을 잃었지.

> what is worse: 설상가상으로
> = to make matters worse

She is beautiful, and **what is more**, kind.
그녀는 아름다워, 게다가 친절해.

What with school **and** work, he had no time to play.
한편으로는 공부 때문에 또 한편으로는 일 때문에, 그는 놀 시간이 없었어.

What by good luck **and** his effort, he passed the exam.
한편으로는 운에 의해서 또 한편으로는 노력에 의해서, 그는 시험에 합격했지.

> what is more : 더욱이, 게다가
> what with A and B : 한편으로는 A 때문에, 또 한편으로는 B 때문에
> what by A and B : 한편으로는 A에 의해서, 또 한편으로는 B에 의해서

7. 복합관계대명사

복합관계대명사는 관계대명사에 ever를 추가한 형태로 그 자체에 선행사를 포함한다. 복합관계
대명사는 명사절과 양보의 부사절을 이끈다.

	명사절 (어떤 ~라도)	부사절(~하더라도)
whoever	anyone who ~하는 사람은 누구든	no matter who 어느 누가 ~하더라도
whomever	anyone whom ~하는 사람은 누구를	no matter whom 어느 누구를 ~하더라도
whichever	anything that ~은 어느 것이든	no matter which 어느 것이(을) ~하더라도
whatever	anything that ~은 무엇이든	no matter what 무엇을 ~하더라도

● **명사절로 쓰인 경우**

명사절로 쓰인 복합관계대명사는 문장에서 주어, 목적어, 보어 역할을 한다. 선행사가 포함된
복합관계대명사를 관계대명사로 바꿀 경우 선행사 anyone이나 anything을 반드시 쓴다. 관
계대명사와 마찬가지로 복합관계대명사의 격 변화를 구분할 수 있는 방법은 복합관계대명사
다음에 오는 품사를 보면 된다. 복합관계대명사 주격은 다음에 동사가 오고, 목적격 다음에는
〈주어+동사〉가 온다.

Whoever says so is a liar.　　　　　　　　복합관계대명사 주격

⇒ **Anyone who** says so is a liar.

　　그렇게 말하는 사람은 누구든지 거짓말쟁이야.

Whichever you choose will be yours.　　복합관계대명사 목적격

⇒ **Anything that** you choose will be yours.

　　네가 고르는 것은 어느 것이든 너의 것이 될 거야.

Invite **whomever** you like.　　　　　　　복합관계대명사 목적격

⇒ Invite **anyone whom** you like.

　　네가 좋아하는 사람이라면 누구라도 초대해라.

You can become **whatever** you want.　　복합관계대명사 목적격

⇒ You can become **all that** you want.

　　네가 원하는 것은 무엇이든지 될 수 있어.

● 부사절로 쓰인 경우

부사절로 쓰인 복합관계대명사는 양보를 나타내어 「~하더라도」의 뜻이고 절 다음에는 조동사 may를 쓰거나 생략할 수 있다. 문장에서 부사절로 쓰이므로 복합관계대명사절 다음에 ,(콤마) 를 쓴다.

Whoever may call me, tell him I'm out.　　복합관계대명사 주격

⇒ **No matter who** may call me, tell him I'm out.

　　누가 전화를 하더라도, 없다고 말해.

Whomever you meet, be polite.　　　　　　복합관계대명사 목적격

⇒ **No matter whom** you meet, be polite.

　　누구를 만나더라도, 공손해라.

Whichever you may choose, you won't be disappointed.

　　　　　　　　　　　　　　　　　　　　　　복합관계대명사 목적격

⇒ **No matter which** you may choose, you won't be disappointed.

　　어떤 것을 선택하더라도, 실망하지 않을 거야.

관계대명사

Whatever results may follow, I'll try again.   복합관계대명사 주격

⇒ **No matter what** results may follow, I'll try again.

　　어떤 결과가 나오더라도, 나는 다시 해 볼 거야.

 8. 관계대명사의 생략

관계대명사 목적격은 생략이 가능하다. 하지만 관계대명사 앞에 전치사가 있을 경우에는 생략할 수 없다.

The gentleman (that/whom) you mentioned is my father.

　　네가 언급한 그 신사가 우리 아버지야.　　　　　　　　　　that / whom – 생략가능

I had a dog **with which** we used to go out.   which – 생략불가

　　내가 매우 좋아했던 개가 있었지.

This is the boy we saw yesterday.　　　　　　that/whom 생략

　　이 아이가 어제 우리가 본 애야.

 9. 관계대명사와 전치사

관계대명사가 전치사의 목적어일 경우 전치사는 관계대명사 바로 앞에 올 수 있다. 하지만 관계대명사 that 앞에서는 전치사를 쓸 수 없다. 만약 관계대명사 목적격을 생략하고자 할 경우에는 전치사를 문장의 맨 뒤로 이동시켜야 한다.

이것이 내가 관심을 갖고 있는 책이야.

This is the book **which** I am interested in. (**O**)
⇒ 관계대명사 목적격 which를 쓴 경우

This is the book **in which** I am interested. (**O**)
⇒ 관계대명사 목적격 which 앞으로 전치사가 이동한 경우

This is the book I am interested **in**. (**O**)
⇒ 관계대명사 목적격을 생략한 경우

This is the book **in** I am interested. (**X**)
⇒ 관계대명사 목적격을 생략하고 전치사만 남겨놓을 수 없는 경우

This is the book **that** I am interested **in**. (**O**)
⇒ 관계대명사 목적격 that을 쓴 경우

This is the book I am interested **in**. (**O**)
⇒ 관계대명사 목적격 that을 생략한 경우

This is the book **in that** I am interested. (**X**)
⇒ 관계대명사 목적격 that 앞에 전치사를 쓸 수 없는 경우

Exercises

A. 문맥에 맞는 것을 고르시오

1. This is the ring (who, which) he gave me.

2. She has two sons, (who, whom) became doctors.

3. (What, Which) he said is true.

4. I saw a girl and her dog (who, which, that) are running.

5. Look at the house (whom, whose) roof is red.

6. He is the only person (whom, that) I can trust.

7. (Anyone who, No matter who) comes will be welcomed.

8. I don't know the thing (which, what) you say.

9. This is the house (in that, in which) I live.

10. She is the woman (which, whom) I told you about.

● Answers

1. which (선행사가 사물이고 목적격 관계대명사) 이것이 그가 나에게 준 반지이다.
2. who (선행사가 사람이고 주격의 관계대명사, 계속적 용법)
   그녀에게는 두 아들이 있는데, (둘 다) 의사가 되었다.
3. What (선행사를 포함한 관계대명사 what이 명사절을 이끌어 주어 역할을 함) 그가 한 말은 사실이다.
4. that (선행사가 사람과 동물이 왔으므로 관계대명사만 that만 가능) 나는 달리고 있는 한 소녀와 그녀의 개를 보았다.
5. whose (선행사가 사물이고 소유격 관계대명사) 지붕이 빨간 집을 보아라.
6. that (선행사에 the only가 있을 경우 that만 가능) 그는 내가 믿을 수 있는 유일한 사람이다.
7. Anyone who (문장에서 주어 역할을 하는 복합관계대명사 주격)
   오는 사람이 누구든지 환영 받을 것이다.
8. which (사물을 나타내는 선행사가 있으므로 관계대명사 which를 써야 함) 나는 네가 하는 말을 이해하지 못한다.
9. in which (관계대명사 that 앞에 전치사를 쓸 수 없음) 이 곳이 내가 사는 집이다.
10. whom (선행사가 사람이고 목적격 관계대명사) 그녀가 내가 얘기했던 여자분이다.

B. 두 문장을 관계대명사를 이용하여 연결하시오.

1. I like Tony. He is kind.

⇒ I like Tony (　　) is kind.

2. She is the prettiest girl. I have ever seen her.

⇒ She is the prettiest girl (　　) I have ever seen.

3. The woman, who is poor, is very honest.

⇒ The woman, (　　) she is poor, is very honest.

4. I lost the cell phone. My father bought it.

⇒ I lost the cell phone (　　) my father bought.

5. This is not the thing that I want.

⇒ This is not (　　) I want.

● Answers

1. who (선행사가 사람이고 주격 관계대명사) 나는 친절한 Tony를 좋아한다.
2. that (선행사에 최상급이 올 경우 that만 가능) 그녀는 내가 이제까지 본 가장 예쁜 소녀이다.
3. though (전후 문맥상 접속사 though가 타당함) 그 여자는, 비록 가난하지만, 매우 정직하다.
4. which / that (선행사가 사물이고 목적격 관계대명사) 나는 아버지가 사준 휴대폰을 잃어버렸다.
5. what (선행사를 포함한 관계대명사 what이 보어역할을 함) 이것은 내가 원하는 것이 아니다.

관계부사란 관련이 있는 두 개의 문장에서 접속사와 부사 대신 관계부사를 이용하여 하나의
문장으로 연결하는 것을 말해요.

A Tell me the reason why you are late.
　　　　　　이유를 나타내는 관계부사

B Sorry. I forgot the time when the movie started.
　　　　　　시간을 나타내는 관계부사

A Forgot the time?

B It's true. And I couldn't find the place where I took a bus.
　　　　　　장소를 나타내는 관계부사

A How stupid!

A 왜 늦었는지 말해 봐.
B 미안. 영화 시작하는 시간을 까먹었어.
A 시간을 까먹었다고?
B 사실이야. 게다가 버스 타는 곳을 찾을 수가 없었어.
A 정말 바보로군!

앞 장에서 공부한 관계대명사가 접속사와 대명사의 역할을 한 반면, 관계부사는 접속사와 부사의 역할을 하는 거죠.

This is the place. I work here. <small>이 곳이 그 장소야. 나는 여기에서 일해.</small>

이 두 문장을 한 문장으로 연결하려면 접속사 and를 사용할 수 있어요.

This is the place and I work here. <small>이곳이 그 장소이고 나는 여기에서 일해.</small>

하지만 이 문장에서 부사 here와 명사 the place가 동일한 장소를 말하고 있거든요. 따라서 관계부사를 이용하여 접속사 and와 부사 here를 한 단어로 대신하게 하면 문장이 더 간결해져요.

This is the place where I work. <small>이곳이 내가 일하는 곳이야.</small>

관계부사 where를 이용한 위 문장은 장소를 나타내는 관계부사라고 하는데요. where절은 앞에 있는 명사 즉 선행사 the place를 수식하는 형용사 역할을 해서 형용사절이라고도 해요. 관계부사에는 장소를 나타내는 where 이외에, 시간을 나타내는 when, 이유를 나타내는 why, 방법을 나타내는 how가 있어요. 또한 관계부사는 관계대명사와는 달리 격변화가 없으며, 관계부사 다음에는 「주어+동사」가 와요.

이처럼 선행사에 따라 달라지는 관계부사를 다음 표로 정리해 보죠.

	선행사	관계부사
장소	the place, the office, the country	where
시간	the time, the day, the year	when
이유	the reason	why
방법	the way	how

1. 선행사가 장소일 때

선행사가 the place, the house, the office 등 장소를 나타내는 명사가 오면 관계부사 where 를 쓴다. 선행사와 관계부사를 모두 쓸 수도 있고, 둘 중 하나를 생략해도 된다.

This is **the place where** I was born. 이곳은 내가 태어난 곳이야.

This is **the place** I was born. 관계부사 where 생략 가능

This is **where** I was born. 선행사 the place 생략 가능

I know **the store where** he bought it.

I know **the store** he bought it.

I know **where** he bought it.
그가 그것을 산 가게를 알아.

2. 선행사가 시간일 때

선행사가 the time, the day, the month, the season 등 시간을 나타내는 명사가 오면 관계부 사 when을 쓴다. 선행사와 관계부사를 모두 쓸 수도 있고, 둘 중 하나를 생략해도 된다.

Tell me **the day when** he left. 그가 떠난 날을 말해 줘.

Tell me **the day** he left. 관계부사 when 생략 가능

Tell me **when** he left. 선행사 the day 생략 가능

Tell me **the year when** you were born.

Tell me **the year** you were born.

Tell me **when** you were born.
네가 태어난 해를 말해 줘.

3. 선행사가 이유일 때

선행사가 the reason으로 이유를 나타내는 명사가 오면 관계부사 why를 쓴다. 선행사와 관계부사를 모두 쓸 수도 있고, 둘 중 하나를 생략해도 된다.

관계부사

Tell me **the reason why** he left. 그가 떠난 이유를 말해 줘.

Tell me **the reason** he left. 관계부사 why 생략 가능

Tell me **why** he left. 선행사 the reason 생략 가능

This is **the reason why** he was angry.

This is **the reason** he was angry.

This is **why** he was angry.
이것이 그가 화난 이유야.

4. 선행사가 방법일 때

선행사가 the way로 방법을 나타내는 명사가 오면 관계부사 how를 쓴다. 하지만 선행사 the way와 관계부사 how를 동시에 쓸 수 없으며, 반드시 둘 중 하나를 선택해서 쓴다.

This is **how** I got here.

This is **the way** I got here.

This is **the way how** I got here. (**X**)
이렇게 해서 내가 여기에 오게 되었지.

Show me **how** you bake cookies.

Show me **the way** you bake cookies.

Show me **the way how** you bake cookies. (**X**)
과자 굽는 방법을 보여 줘.

5. 관계부사 = 전치사 + 관계대명사

관계부사는 〈전치사+관계대명사〉로 전환할 수 있다.

선행사	관계부사	전치사+관계대명사
장소를 나타낼 때	where	on / in / at which
시간을 나타낼 때	when	on / in / at which
이유를 나타낼 때	why	for which
방법을 나타낼 때	how	in which

I can't forget the day. I got married on that day.

⇒ I can't forget the day and I got married on that day.
나는 그 날을 잊을 수 없어. 나는 그날 결혼했거든.

위의 문장을 아래와 같은 관계대명사와 관계부사로 바꿀 수 있다.

나는 내가 결혼한 날을 잊을 수 없어.

I can't forget the day **which** I got married on.　　관계대명사

⇒ 두 문장을 연결할 때의 접속사 and와 동일대상인 the day가 관계대명사 which로 바뀌었다.

I can't forget the day **on which** I got married.　　관계대명사

⇒ 전치사는 관계대명사 앞으로 이동할 수 있다.

I can't forget the day **when** I got married.　　관계부사

⇒ on which는 관계부사 when으로 바꿀 수 있다.

I can't forget **when** I got married.　　명사절

⇒ 선행사 the day가 생략되면서 when이하는 타동사 forget의 목적어 역할을 하는 명사절로 바뀌었다.

하지만 예외적으로 방법을 나타내는 관계부사 how를 〈전치사+관계대명사〉로 전환할 때 선행사 the way를 생략할 수 없다.

This is **how** he solved the problem.

This is **the way** he solved the problem.

This is **the way in which** he solved the problem.
이것이 그가 문제를 해결한 방법이야.

6. 관계부사의 한정적 용법과 계속적 용법

관계부사도 관계대명사와 마찬가지로 한정적 용법과 계속적 용법이 있다. 앞에서 언급한 관계부사가 선행사를 수식하는 형용사적인 역할을 하는 한정적 용법이다. 계속적 용법은 관계부사 앞에 ,(콤마)를 쓰고 해석은 앞에서부터 순차적으로 한다.

관계부사

I went to London **where** I was born. 나는 내가 태어난 런던에 갔다. **한정적 용법**

I went to London, **where** I traveled for a week. **계속적 용법**
나는 런던에 갔고, 그곳에서 일주일 동안 여행했어. *where는 〈and+there〉의 결합*

I was having dinner, **when** the phone rang.
나는 저녁을 먹고 있었고, 그때 전화가 울렸어. *when은 〈and+then〉의 결합*

하지만 관계부사 why, how는 계속적 용법으로 쓰지 않는다.

 7. 복합관계부사

복합관계부사는 관계부사에 ever를 추가한 형태이다. 복합관계부사는 선행사를 포함하고 있으며, 시간, 장소, 양보의 부사절을 이끈다. 관계부사 중에서 why만 복합관계부사를 만들지 못한다.

부사절	장소	시간	양보
wherever	at any place where ~하는 곳은 어디든지		no matter where 어디에서 ~할지라도
whenever		at any time when = every time ~할 때는 언제나	no matter when 언제 ~할지라도
however			no matter how 아무리 ~할지라도

● 장소의 부사절

You can go **wherever** you want.

You can go **at any place where** you want.
네가 가고 싶은 곳은 어디든지 갈 수 있어.

● 시간의 부사절

Whenever I called her, there was no answer.

Every time I called her, there was no answer.

At any time when I called her, there was no answer.
내가 그녀에게 전화를 할 때마다, 전화를 받지 않았다.

● 양보의 부사절

양보 부사절에서는 may를 쓰며, 생략이 가능하다.

Wherever you (may) go, take care of yourself.   장소

No matter where you (may) go, take care of yourself.
어디를 갈지라도, 네 몸을 돌보아라.

Whenever you visit me, I' ll be busy.   시간

No matter when you visit me, I' ll be busy.
네가 나를 언제 방문할지라도, 나는 바쁠 거야.

However 다음에는 형용사나 부사가 옴

However rich you may be, you can' t buy it.

No matter how rich you may be, you can' t buy it.
네가 아무리 부자라 할지라도, 그것을 살 수는 없다.

● 관계대명사와 관계부사의 차이점을 정리해 주세요.

지금까지 두 장(12장과 13장)에 걸쳐서 관계대명사와 관계부사를 공부했는데요. 우선 관계대명사와 관계부사 자체는 해석을 하지 않는 것이 둘의 공통점이에요. 그리고 관계대명사와 관계부사는 앞에 선행사가 있어요. 앞에 나오는 명사라는 뜻으로 관계절(관계대명사와 관계부사를 칭하는 말)이 뒤에서 명사의 의미를 한정시켜주는 거죠. 따라서 관계절을 형용사절이라고도 해요.

그러면 이제 관계대명사와 관계부사의 차이점을 정리해 보기로 하죠.

1. 관계대명사는 격변화가 있으나, 관계부사는 격변화가 없어요.

관계대명사에는 주격, 소유격, 목적격 등의 격이 있죠. 주격 다음에는 동사가 오고, 소유격 다음에는 명사가 오고, 목적격 다음에는 〈주어+동사〉가 와요. 관계부사는 격변화가 없으므로 항상 다음에 〈주어+동사〉가 와요.

This is the girl **who is** form China.	관계대명사 주격
This is the girl **whose mother** is a writer.	관계대명사 소유격
This is the girl **whom I like** very much.	관계대명사 목적격
This is **the place where I met** the girl.	관계부사 장소
This is **the day when I met** the girl.	관계부사 시간
This is **the reason why I met** the girl.	관계부사 이유
This is **how I met** the girl.	관계부사 방법

2. 관계대명사의 선행사는 사람, 사물, 동물 등 다양한 명사가 올 수 있으나, 관계부사의 선행사는 항상 정해져 있죠. 즉 장소, 시간, 이유, 방법의 선행사로 한정되어 있어요.

3. 관계부사는 〈전치사+관계대명사〉로 바꾸어 쓸 수가 있어요. 관계부사는 앞에 전치사를 쓸 수 없으나, 관계대명사는 전치사와 함께 쓰기도 해요. 이럴 경우 관계부사와 바꾸어 쓸 수가 있어요.

I know the office **where** he works.	= in which
I know the year **when** he was born.	= in which
I know the reason **why** he is sad.	= for which
I know **how** he got the money.	= in which

4. 관계부사는 선행사를 생략할 수가 있으나, 관계대명사는 선행사를 생략할 수 없어요.

관계부사의 선행사 the place, the time, the reason, the way는 생략이 가능하나, 관계대명사의 선행사는 꼭 명시해야 해요.

I remember (the day) when I first met you.	선행사 생략가능
I remember the boy whom I first met.	선행사 생략 불가

Exercises

A. 빈 칸에 알맞은 말을 쓰시오.

1. I remember the first day (　　　) I came here.

2. I was running this morning, (　　　) a dog barked at me.

3. I don't know the reason (　　　) he cried.

4. (　　　) you go, I'll follow you.

5. The city (　　　) I lived last year was Seoul.

6. This is (　　) he got the job.

7. Do you know the way (X, how) he got there?

8. (　　　) high you may jump, you can't touch the ceiling.

9. I was taking a shower, (　　) the bell rang.

10. Do you remember the time on (when, which) you called me?

● Answers

1. when (선행사가 시간이므로 관계부사 when이 와야 함) 내가 여기에 처음 온 날을 기억한다.
2. when (관계부사 when의 계속적 용법)
   아침에 달리기를 하고 있었는데, 그때 어떤 개가 나를 보고 짖었다.
3. why (선행사가 이유를 나타내므로) 그가 운 이유를 모르겠다.
4. Wherever (복합관계부사, 양보를 나타내는 부사절)
   네가 가는 곳이 어디라 할지라도, 나는 너를 따라가겠다.
5. where (장소를 나타내는 관계부사 where가 와야 함) 작년에 내가 살았던 도시는 서울 이었다.
6. how 또는 the way (방법을 나타내는 관계부사 how나 the way) 이것이 그가 그 직업을 얻은 방법이다.
7. X (the way와 how는 함께 쓸 수 없음) 그가 그곳에 간 방법을 아니?
8. However (복합관계부사, 양보의 부사절) 네가 아무리 높이 뛰어도, 천장에 닿을 수 없다.
9. when (=and then) 내가 샤워를 하고 있었는데, 그때 벨이 울렸다.
10. which (관계부사 앞에는 전치사를 쓸 수 없음) 네가 나에게 전화한 시간을 기억하니?

B. 빈 칸에 공통으로 알맞은 것을 쓰시오.

1. Tell me the reason for (　　) you are late.

   Fishing was the way in (　　) he survived.

2. Today is the day (　　) summer vacation starts.

   I can't forget the morning (　　) my daughter was born.

3. (　　) hard you may try, you can't go there.

   (　　) cold it may be, he won't wear a hat.

4. Tomorrow is the day (　　) he leaves Korea.

   He left last week, (　　) it was raining hard.

5. This is the library (　　) I study.

   Will you tell me the cities (　　) you visited?

● Answers

1. which (전치사+관계대명사which) 지각한 이유를 말해라. / 낚시가 그가 살아남았던 방식이었다.
2. when (시간을 나타내는 관계부사가 와야 함)
   오늘이 여름 휴가가 시작하는 날이다. / 나의 딸이 태어난 아침을 잊을 수가 없다.
3. However (복합관계부사, 양보의 부사절)
   네가 아무리 애를 쓴다 하더라도, 나는 거기에 갈 수 없다. / 아무리 날씨가 춥다 하더라도, 그는 모자를 쓰지 않을 것이다.
4. when (관계부사 when의 한정적 용법과 계속적 용법)
   내일이 그가 한국을 떠나는 날이다. / 그는 지난 주에 떠났는데, 그때 비가 많이 내리고 있었다.
5. where (장소를 나타내는 관계부사가 와야 함)
   여기가 내가 공부하는 도서관이다. / 네가 방문했던 도시들을 말해 줄래?

PART 5

접속사

문장에서 단어와 단어, 구와 구, 절과 절을
연결시켜 주는 품사이다.

비교

둘 이상의 대상을 비교하여 그 차이와
우열을 표현하는 문법 범주이다.

가정법

현실과 반대되는 상황을 가정할 때 쓰는
표현법이다.

화법

다른 사람이 한 말을 전달하는 방식을 말한다.

14 접속사 Conjunctions

접속사는 단어와 단어, 구와 구, 절과 절을 연결시켜 주는 말이에요. 문장에서 하나 이상의 단어, 구, 절 등이 있을 때에 사용해요. 접속사에는 등위접속사, 상관접속사, 종속접속사가 있어요.

접속사

A **Either** you **or** Mark has to wash the car. 상관접속사

B Don't worry. **As soon as** I finish this, I will do that. 종속접속사

A Thanks. By the way, where's Mark?

B He went out, **but** he'll be back soon. 등위접속사

A 너나 Mark 둘 중 하나는 세차를 좀 해야겠는데.
B 걱정 마세요. 이거 끝내는 대로 바로, 제가 할게요.
A 고맙구나. 그런데 Mark는 어디에 있니?
B 나갔어요. 하지만 곧 들어올 거에요.

두 개 이상의 단어, 구, 절을 대등하게 연결하는 것을 등위접속사라고 하고, 두 개 이상의 접속사가 서로 짝을 이루어 하나의 접속사 구실을 하는 것을 상관접속사라고 해요. 그리고 하나의 절이 또 다른 절에 종속되어 있는 경우에는 이를 종속접속사라고 하죠.

She is tall **and** pretty. 그녀는 키가 크고 예뻐.		**등위접속사**
Both you **and** I are wrong. 너와 나 둘 다 틀렸어.		**상관접속사**
I know **that** he is honest. 나는 그가 정직하다는 것을 알고 있어.		**종속접속사**
When he visited us, we were having dinner. 그가 우리를 찾아 왔을 때, 우리는 저녁 식사 중이었어.		**종속접속사**

종속접속사는 절과 절을 연결할 때 사용하는데요. 시간을 나타내는 부사절 when이 있는 절을 주절에 부수적으로 딸린 종속절이라고 해요. 주절은 그 자체로 독립적인 문장이어서 하나의 완전한 문장이 성립되지만, 종속절은 그 자체로 독립된 문장이 아니라 주절에 의존하는 문장이기 때문이죠.

1. 등위접속사 Coordinating Conjunctions

등위접속사는 서로 대등한 단어, 구, 절을 연결한다. 등위접속사는 동일한 형태를 앞 뒤로 연결시켜 주므로, 같은 품사 또는 같은 유형의 구나 절이 와야 한다. 또한 등위접속사는 문장의 첫 부분이나 뒷 부분보다 문중에서 주로 사용된다. 대표적인 등위접속사로는 and, but, for, so, or, yet, nor 등이 있다.

● 등위접속사 and : 「그리고」

전후의 내용이 대등한 관계로 두 가지 이상 병존한다.

Most children like **cookies and milk**. 대개 아이들은 과자와 우유를 좋아해.	**단어와 단어를 연결**
I go to work **by bus and by subway**. 나는 버스와 지하철로 출근해.	**구와 구를 연결**
What you say and what you do are different things. 말하고 행동하는 것은 다른 일이야.	**절과 절을 연결**

Hurry up, **and** you can take the train.　　명령문+and: ~해라, 그러면

서둘러, 그러면 기차를 탈 수 있을 거야.

= If you hurry up, you can take the train.

만약 서두르면, 너는 기차를 탈 수 있어.

Go **and** get it. 가서 가져와.　　and=부정사 to

= Go to get it. 일상 대화에서는 and나 to를 생략하고 'Go get it.'의 문장을 더 자주 씀

● 등위접속사 but :「그러나」

전후의 내용이 반대, 대조, 상반되는 경우에 사용한다.

She is a **kind but strict** teacher.　　단어와 단어를 연결

그녀는 친절하나 엄격한 선생님이야.

I like coffee, **but** I don't like tea.　　절과 절을 연결

나는 커피를 좋아하지만, 차는 좋아하지 않아.

It's **not** green, **but** yellow.　　not A but B : A가 아니라 B

그건 녹색이 아니라 노랑색이야.

● 등위접속사 for :「왜냐하면 ~이니까」

for는 인과관계를 나타낸다기 보다는 앞에서 말하는 이의 근거, 즉 왜 그런 말을 하게 되었는가를 부연 설명하는 역할을 한다. 주절의 앞 뒤로 이동이 자유로운 because와 달리 항상 주절의 뒤에 위치해야 한다.

Let me sleep, **for** I am tired. 잠자게 해 줘, 왜냐하면 피곤하니까.

She must be happy, **for** she is singing. 그녀는 행복한가 보다, 왜냐하면 노래하니까.

He is a genius, **for** he knows everything.

그는 천재야, 왜냐하면 그는 모르는 게 없으니까.

● 등위접속사 so : 「그래서」

접속사 so는 so that, and so의 생략 표현으로 앞에 comma를 붙인다.

> I felt tired, **so** I went home at once.　나는 피곤했어, 그래서 곧장 집에 갔지.

> He ate all the cookies, **so** I ate the cake.
> 그가 과자를 모두 먹었어, 그래서 나는 케이크를 먹었지.

> She told me to go, **so** I went.　그녀가 나에게 가라고 했어, 그래서 나는 갔어.

● 등위접속사 or : 「또는」

둘 중 하나를 선택하는 등위접속사이다.

> **He or I** was wrong.　그와 나 중 하나가 틀렸지.　　　　　**단어와 단어를 연결**

> It is hidden **in the house or at the garden**.　**구와 구를 연결**
> 그것은 집 안이나 정원에 숨겨져 있어.

> Rain **or** shine, I'll leave tomorrow.　　　　　**양보를 의미**
> 비가 오든 날씨가 좋든, 나는 내일 떠날 거야.

> I don't want any tea **or** coffee.　나는 차도 커피도 마시고 싶지 않아.

or가 부정문에 쓰이면 전면 부정을 나타냄

> Hurry up, **or** you will be late.　　　**명령문+or: ~해라, 그렇지 않으면**
> 서둘러, 그렇지 않으면 너는 늦을 거야.

> = If you don't hurry up, you will be late.　만약 서두르지 않으면 너는 늦을 거야.

● 등위접속사 yet : 「그래도, 그럼에도」

> It is a strange story, **yet** it is true.　그건 이상한 얘기지, 그래도 사실이야.

> The book was difficult to understand, **yet** I enjoyed it.
> 그 책은 이해하기가 어려웠어, 그래도 재미있었어.

> His business is good, **yet** it could be better.
> 그의 사업은 잘 돼, 그래도 더 잘 될 여지가 있어.

2. 상관접속사 Paired Conjunctions

상관접속사는 서로 떨어진 두 개 이상의 낱말이 상관적으로 연결되어 접속사 구실을 한다. 대표적인 상관접속사로는 both…and, not only…but also, either…or, neither…nor 등이 있는데, 상관접속사 전후의 단어는 서로 병렬 구조의 관계임을 기억해야 한다.

접속사

> She wants not only **money** but also **fame**.　　　　(O)
>
> She not only **wants money** but also **wants fame**.　(O)
>
> She not only **wants money** but also **fame**.　　　　(X)
> 그녀는 돈 뿐만 아니라 명성도 원해.

접속사는 〈not only+명사 but also+명사〉 또는 〈not only+동사+명사 but also+동사+명사〉처럼 명사는 명사끼리, 〈동사+명사〉는 〈동사+명사〉끼리 서로 동일한 품사나 병렬 구조로 연결시켜야 한다. 즉 접속사 전후로 연결하는 A와 B는 동일한 문법 성분이어야 한다.

● 상관접속사 both A and B : 「A B둘 다」
〈both…and〉는 항상 복수 취급한다.

> **Both** he **and** his brother are lazy.　그와 그의 동생 둘 다 게으르지.
>
> This bag is **both** good **and** cheap.　이 가방은 물건이 좋고도 싸다.
>
> She is popular in **both** Korea **and** Japan.　그녀는 한국과 일본에서 모두 인기가 있어.

● 상관접속사 not only A but (also) B : 「A뿐만 아니라 B도」
동사의 수는 B에 일치시킨다.

> **Not only** you **but also** he has to get up early.
> 너뿐만 아니라 그도 일찍 일어나야 해.
>
> = He **as well as** you has to get up early.

　　　　B as well as A 로 AB의 위치가 바뀌는 점에 주의해야 함

= **Both** you and **he** have to get up early.

She can speak **not only** Chinese **but(also)** Japanese.
그녀는 중국어뿐만 아니라 일본어도 말할 수 있어.

not only ~but also 에서 also는 생략이 가능함

● 상관접속사 either A or B : 「A 또는 B 둘 중 하나」
동사의 수는 B에 일치시킨다.

I'll take **either** math **or** history. 나는 수학이나 역사 둘 중 하나를 수강할 거야.

He will call **either** John **or** Marsha.
그는 John이나 Marsha 둘 중 한 사람에게 전화할 것이다.

Either you **or** your brother has my book.
너 또는 네 동생 중 한 사람이 내 책을 가지고 있어.

● 상관접속사 neither A nor B : 「A도 B도 아닌」
동사의 수는 B에 일치시킨다.

Neither the teacher **nor** the students were there.
선생님도 학생들도 거기 없었어.

I like **neither** fishing **nor** hunting. 나는 낚시도 사냥도 좋아하지 않아.

The result was **neither** good **nor** bad. 결과는 좋지도 나쁘지도 않았어.

상관접속사 <not only…but also>, <either…or>, <neither…nor>는 동사와 가까운
주어에 수를 일치시켜야 한다.

3. 종속접속사 Subordinating Conjunctions

종속접속사란 자신과 연결된 절을 부사절이나 명사절로 이끌어 주절에 종속시키는 접속사를 일컫는 말이다. 다시 말하면, 종속접속사는 두 절이 대등한 관계가 아니고, 주절과 그에 딸린 종속절로 구성되어 있을 때 종속절을 연결시키는 접속사이다. 일반적으로 종속절은 명사절과 부사절이며, 형용사적 용법으로는 관계대명사절과 관계부사절이 있다. 관계대명사절(12장)과 관계부사절(13장)은 앞에서 이미 다루었으므로, 이 장에서는 명사절과 부사절만을 다루기로 한다.

접속사

다음 두 문장은 독립된 완전한 문장이다.

> It is raining. 비가 내리고 있다.
>
> We stay at home. 우리는 집에 있다.

위 두 문장은 이유를 나타내는 접속사 because를 사용하여 하나의 문장으로 만들 수 있다.

> **Because it is raining**, we stay at home.
>
> = We stay at home **because it is raining**.
>
> 비가 내리고 있어서 우리는 집에 있어.

이때 접속사가 있는 절을 종속절이라 하고, 접속사가 없는 독립된 문장을 주절이라 한다. 종속절은 문장 앞이나 또는 두 절 사이에 올 수 있다. 독립된 절 'We stay at home.' 이 문장의 앞에 올 경우에는 comma가 필요하지 않으나, 'Because it is raining'처럼 종속된 절이 문장의 앞에 올 경우에는 절 다음에 comma를 사용해야 한다.

접속사 중 본 장에서 다루고자 하는 접속사를 아래 표와 같이 정리하였다.

종속접속사	명사절	that, if, whether
	부사절	시간을 나타낼 때: as, when, while, after, before, till, as soon as
		이유를 나타낼 때: as, since, because, now that
		조건을 나타낼 때: if, unless, once
		양보를 나타낼 때: though, although, even though, even if
		목적을 나타낼 때: that ~ may(can), so that ~ may, lest ~ should
		결과를 나타낼 때: so ~ that, such ~ that

● 명사절을 이끄는 종속접속사

I know **that** he is honest. 나는 그가 정직하다는 것을 알아.

I'm not sure **if** he will come. 그가 올지 어떨지 확신할 수 없어.

I'm wondering **whether** he is at home or not. 그가 집에 있는지 아닌지 궁금해.

● 부사절을 이끄는 종속접속사

🔔 시간을 나타낼 때

When I was in London, I visited several museums.
내가 런던에 있을 때, 여러 박물관을 다녔어.

We dream **while** we sleep. 우리는 잠자는 동안에 꿈을 꾼다.

As soon as I got home, it began to rain.
집에 도착하자 마자, 비가 내리기 시작했어.

🔔 이유를 나타낼 때

Because I was sleepy, I went to bed. 졸렸기 때문에 나는 자러 갔어.

Since you paid for the tickets, let me pay for our dinner.
네가 표를 샀으니까, 내가 저녁을 살게.

Now that the exam is over, I'll relax. 시험이 끝났으니까, 느긋하게 쉴래.

🔔 조건을 나타낼 때

If it rains, the roads get wet. 비가 오면, 도로는 젖는다.

Unless it rains, we'll go shopping. 비가 오지 않으면, 우리는 쇼핑하러 갈 거야.

Once you start, you must finish it. 일단 시작했으면, 끝까지 해야 해.

양보를 나타낼 때

Even though it was cold, I went swimming.

비록 날씨가 추웠지만, 나는 수영하러 갔어.

I walked home alone, **although** it was dark.

비록 어두웠으나, 혼자 걸어서 집에 갔어.

Though he is 70, he is very healthy. 비록 그는 70살이나, 아주 건강해.

목적을 나타낼 때

I will go to Paris **(so)that** I **can** study art.

미술을 공부하기 위해서 파리에 갈 거야.

= I will go to Paris to study art.

They kept quiet **in order that** they **might** listen to him.

= They kept quiet in order to listen to him.

그들은 그의 말을 듣기 위하여 잠자코 있었어.

I studied hard **lest** I **(should)** fail the exam.

시험에 떨어지지 않도록 열심히 공부했어.

결과를 나타낼 때

The movie was **so** difficult **that** I **couldn't** understand it.

= The movie was too difficult to understand.

그 영화가 너무 어려워서 나는 이해할 수가 없었어.

I'm **so** busy **that** I **can't** rest. 나는 너무 바빠서 쉴 수가 없어.

= I'm too busy to rest.

(Such+관사+형용사+명사)의 어순에 주의해야 함

It was **such** a great movie **that** I saw it three times.

그것은 대단히 훌륭한 영화여서 나는 세 번이나 보았어.

Exercises

A. 문맥에 맞는 것을 고르시오

1. He is poor, (and, but) he is happy.

2. (If, Unless) it is fine, let's go on a picnic.

3. Neither you nor he (are, is) right.

4. I don't like meat (or, for) fish.

5. (Because, Though) he is young, he is strong.

6. He works hard (so, such) that he can pass the exam.

7. Not only you but also he (like, likes) her.

8. Both Tom and I (has, have) the same book.

9. She as well as I (am, is) here.

10. They love bread (so, and) milk.

● Answers

1. but (문장 전후의 내용으로 보아 반대, 대조의 의미가 있는 등위접속사가 와야 함)
   그는 가난하지만, 행복하다.
2. If (주절의 내용으로 보아 if가 맞는 접속사임) 날씨가 좋으면, 피크닉하러 가자.
3. is (neither A nor B는 B에 동사의 수를 일치시켜야 함) 너와 그 둘 다 옳지 않다.
4. or (등위접속사 or가 부정문에 쓰이면 전면 부정을 나타냄) 나는 고기도 생선도 다 좋아하지 않는다.
5. Though (주절의 내용과 대조되는 양보접속사가 와야 함) 비록 그는 어리지만, 그는 강하다.
6. so (목적을 나타내는 표현은 〈so ~that may/can〉임) 그는 시험에 합격하기 위해 열심히 공부한다.
7. likes (동사의 수를 he에 일치시켜야 함) 너뿐만 아니라 그도 그녀를 좋아한다.
8. have (both A and B는 복수형 동사를 취함) Tom과 나 둘 다 같은 책을 가지고 있다.
9. is (B as well as A는 B에 수를 일치시킴) 나뿐만 아니라 그녀도 여기에 있다.
10. and (문장의 내용으로 보아 so는 불가능) 그들은 빵과 우유를 몹시 좋아한다.

B. 우리말에 맞는 문장을 고르시오.

1. 비가 오니까 우산을 가져가렴.
   ( ) For it is raining, take an umbrella with you.
   ( ) Because it is raining, take an umbrella with you.

2. 그것이 사실인지 아닌지 그에게 물어보아라.
   ( ) Ask him that it is true or not.
   ( ) Ask him whether it is true or not.

3. 죽든 살든 나는 너와 결혼할 것이다.
   ( ) Live or die, I will marry you.
   ( ) Live nor die, I will marry you.

4. 또 지각을 한다면, 너에게 벌을 주겠다.
   ( ) If you are late again, I'll punish you.
   ( ) Once you are late again, I'll punish you.

5. 비가 올 경우에 대비하여 우산을 가져가라.
   ( ) Take an umbrella with you in case that it rains.
   ( ) Take an umbrella with you in case of it rains.

● Answers

1. Because it is raining, take an umbrella with you.
   이유를 나타내는 접속사 for는 반드시 주절 뒤에 위치해야 한다.
2. Ask him whether it is true or not.
   명사절을 이끄는 종속접속사로 내용상 whether가 맞는 표현이다.
3. Live or die, I will marry you. 접속사 or가 양보를 나타낸다.
4. If you are late again, I'll punish you. 〈만약 ~한다면〉은 조건을 나타내는 접속사 if를 사용해야 한다.
5. Take an umbrella with you in case that it rains.
   주어, 동사가 있는 절이 뒤따르므로 접속사가 있는 표현을 써야 한다.

15 비교 Comparison

영어의 비교 표현에는 원급, 비교급, 최상급이 있어요. **원급은 비교하는 대상이 동등한 것으로 정도가 같은 것을 말할 때 쓰는 표현이에요.** 비교급은 두 개의 사물이나 사람을 비교할 때 쓰는 표현이고, 최상급은 셋 이상의 사물이나 사람을 비교할 때 쓰는 표현이죠.

A No problem is **more serious than** this.   비교급
I deleted Joy's file by mistake.

B What? You shouldn't have touched his computer.

A I just wanted to surf the Internet for a minute.

B Maybe it's **not as important as** you think.   원급
But honesty is **the best** policy.   최상급

A 이보다 더 심각한 문제는 없을 거야. 실수로 Joy의 파일을 삭제했어.
B 뭐? 걔 컴퓨터를 손대지 말았어야지.
A 그냥 잠깐 인터넷 검색 좀 하려고 한 건데.
B 아마 생각보다 파일이 그렇게 중요하지 않을 수도 있어.
하지만 정직이 최상의 방책이지.

원급 표현은 〈as ~ as〉로, 비교급 표현은 〈-er than〉으로, 최상급 표현은 〈the -est〉로 나타내요.

> She is **as old as** you. 　　　　원급
> 그녀는 너와 나이가 같아.
>
> She is old**er than** you. 　　　　비교급
> 그녀는 너보다 나이가 많아.
>
> She is **the** old**est** of the three. 　　최상급
> 그녀는 셋 중에서 가장 나이가 많아.

위의 비교 표현들 중에서 변화를 보이는 것은 형용사 old인데, 형용사 외에 부사도 비교 변화를 보이죠. 본래의 형용사나 부사를 원급이라고 해요. 이를 비교급으로 만들 때 규칙적인 변화를 보이는 유형과 불규칙적인 변화를 보이는 유형이 있어요. 그럼 비교급의 변화를 알아보기로 해요.

ㅣ. 규칙변화 Regular Comparative Forms

1음절이나 2음절로 된 형용사나 부사의 원급에 -er를 붙이면 비교급이 되고, -est를 붙이면 최상급이 된다. 형용사의 최상급 앞에는 the를 붙여야 한다.

● -er, -est를 붙이는 경우

	원급	비교급	최상급
원급+-er/-est	high long cold	higher longer colder	highest longest coldest
원급이 -e로 끝난 경우+ -r/-st	nice wide large	nicer wider larger	nicest widest largest
겹자음+-er/-est	hot fat big	hotter fatter bigger	hottest fattest biggest
자음+-y⇒-ier/-iest	lucky happy early	luckier happier earlier	luckiest happiest earliest

It is cold**er than** yesterday. 어제보다 더 춥다.

You are **the** luck**iest** man in the world. 너는 세상에서 제일 운이 좋은 사람이야.

● more ~, most~를 붙이는 경우

2음절이나 3음절 이상 단어의 원급 앞에 more를 붙이면 비교급이 되고, most를 붙이면 최상급이 된다.

	원급	뜻	비교급	최상급
~ful로 끝난 2음절	useful	유용한	more useful	most useful
~ous로 끝난 2음절	famous	유명한	more famous	most famous
~ive로 끝난 2음절	active	활동적인	more active	most active
~less로 끝난 2음절	careless	부주의한	more careless	most careless
~ish로 끝난 2음절	foolish	어리석은	more foolish	most foolish
~ing로 끝난 2음절	shocking	충격적인	more shocking	most shocking
3음절	expensive	값비싼	more expensive	most expensive
3음절	delicious	맛있는	more delicious	most delicious
3음절	generous	관대한	more generous	most generous
4음절	interesting	재미있는	more interesting	most interesting
4음절	entertaining	유쾌한	more entertaining	most entertaining
~ly로 끝나는 부사	slowly	느리게	more slowly	most slowly
~ly로 끝나는 부사	seriously	심각하게	more seriously	most seriously

This is **more expensive** than that. 이건 저거보다 더 비싸.

It was **the most enjoyable** vacation. 그건 가장 즐거운 휴가였어.

He drove **more carefully** than usual. 그는 평소보다 더 조심해서 운전했어.

2. 불규칙 변화 Irregular Comparative Forms

● 전체가 변화하는 경우

원급, 비교급, 최상급의 형태가 모두 다른 경우이다.

원급	비교급	뜻	최상급	뜻
good(좋은) / well(건강한)	better	더 좋은	best	가장 좋은
bad(나쁜) / ill(병든)	worse	더 나쁜	worst	가장 나쁜
many(많은-수) / much(많은-양)	more	더 많은	most	가장 많은
little 적은 양의	less	더 적은	least	가장 적은

My headache is **worse** than yesterday. 두통이 어제보다 더 심해졌어.

I have the **best** car in the town. 내가 동네에서 가장 좋은 차를 가지고 있지.

● 두 가지 형태로 변화하는 경우

비교급과 최상급이 두 가지 형태로 변하여 각기 다른 의미를 지니는 경우이다.

원급	뜻	비교급	뜻	최상급	뜻
old	나이 먹은	older	나이가 더 많은	oldest	가장 나이가 많은
		elder	보다 손 위의	eldest	가장 손 위의
late	시간이 늦은	later	더 나중의	latest	최근의
	순서가 나중의	latter	더 나중의	last	마지막의
far	거리가 먼	farther	더 먼	farthest	가장 먼
	정도가 더 한	further	더 한층	furthest	가장 더 한

The church was **farther** than I thought. 교회는 생각보다 더 멀었어.

I need **further** data. 나는 그 이상의 자료가 필요해.

It was **the last** chance. 그것이 마지막 기회였어.

This is **the latest** news. 이것은 최근의 소식이야.

3. 원급표현 AS ~AS Comparisons

형용사나 부사의 본래의 형태를 사용하여 서로 비교하는 대상끼리의 같은 정도를 나타낸다.

● as+원급+as : 「~과 ~은 같다, ~는 ~만큼 ~하다」

She is **as pretty as** you. 그녀는 너만큼 예뻐.

A dog can run **as fast as** a rabbit. 개는 토끼처럼 빨리 달릴 수 있어.

Nick is **as smart as** John. Nick은 John만큼 영리해.

● not as/so+원급+as : 「~는 ~만큼 ~하지 않다」

I'm **not as young as** you. 나는 너만큼 젊지 않아.

Seoul is **not as big as** New York. 서울은 뉴욕만큼 크지 않아.

Your bag is **not as heavy as** mine. 네 가방은 내 거보다 무겁지 않아.

● 배수+as+원급+as : 「~의 ~배만큼 ~하다」

His car is **twice as expensive as** my car. 그의 차는 내 차의 2배만큼 비싸.

Their house is **three times as large as** ours.
그들의 집은 우리 집의 3배만큼 크다.

● as+원급+as one can = as+원급+as possible : 「가능한 ~하게」

I got here **as fast as I could**. 가능한 한 빨리 여기에 왔어.
= I got here **as fast as possible**.

Please let me know **as soon as possible**. 가능한 한 빨리 알려 주세요.

You have to walk **as quietly as you can**. 가능한 한 조용히 걸어야 한다.

● 부정주어~as+원급+as : 「어떤 무엇도 ~만큼 ~한 것은 없다」의 뜻으로 최상급의 의미를 나타낸다.

부정어 no 뒤 other는 생략이 가능함

No (other) boy in his class is **as** smart **as** Tony.
Tony 반에서 아무도 그 만큼 영리하지는 않아.

= Tony is the smartest boy in his class.
Tony가 그의 반에서 가장 영리한 아이야.

Nothing is **as** precious **as** health. 건강보다 더 중요한 것은 아무것도 없지.

= Health is the most precious thing. 건강이 가장 귀중한 거지.

4. 비교급 표현 Comparatives

두 개의 사물이나 두 사람을 비교하는 표현이다.

● -er than : 「~보다 더 ~하다」

He is **stronger than** me. 그는 나보다 더 강해.

Movies are **more interesting than** books. 영화가 책보다 더 재미있어.

You don't work **harder than** Robert. 당신은 Robert보다 더 열심히 일을 하지 않아.

● less+원급+than : 「~는 ~보다 덜 ~하다」

Jack is **less diligent than** you. Jack은 너보다 덜 게으르지.
= Jack is not as diligent as you. Jack은 너만큼 부지런하지 않아.

Ben is **less humorous than** his brother. Ben은 그의 형보다 덜 유머러스해.
= Ben is not as humorous as his brother. Ben은 그의 형만큼 유머러스하지 않아.

● 비교급 강조

원급을 강조하는 말은 very이고, 비교급을 강조하는 말은 much, even, far, by far, still, a lot이다. 뜻은 「한층, 훨씬」이다.

This box is **much** heavier than that one. 이 상자는 저것보다 훨씬 더 무거워.

His salary is **even** higher than mine. 그의 월급은 내 것보다 훨씬 더 많아.

Your cough is **a lot** better than yesterday. 기침이 어제보다 훨씬 더 좋아졌군요.

● the+비교급

정관사 the는 원래 최상급에 붙고 비교급에는 붙지 않는 것이 원칙이다. 하지만 예외적으로 비교급의 관용적인 표현에 the가 붙기도 한다.

Who is **the** older of the two? 두 사람 중에서 누가 더 나이가 많지?

The more you work, **the more** you earn. ~하면 할수록 더욱 더 ~하다
일을 많이 하면 할수록, 그만큼 더 번다.

The warmer it is, **the better** I feel. 날씨가 따뜻하면 할수록, 기분이 더 좋아진다.

● 비교급+and+비교급
〈비교급+and+비교급〉은 「점점 더, 더욱 더」라는 뜻이다.

It is getting **warmer and warmer**. 점점 떠 따뜻해지고 있다.

The world is getting **smaller and smaller**. 세상이 점점 더 작아지고 있다.

• 최상의 의미가 있는 비교 구문들을 정리해 주세요.

형태는 원급이나 비교급인데 의미가 최상인 구문들이 있는데요. 최상급의 문장과 그 의미가 같은 여러 비교 구문들을 예문을 통하여 잘 익혀두기로 해요.

비 교

Sue is **the** kind**est** person in her office.
Sue는 그녀의 사무실에서 가장 친절한 사람이야.

① **No one** in her office is **as** kind **as** Sue.
Sue의 사무실의 그 어떤 사람도 그녀처럼 친절하지는 않아.
⇒ 부정주어+as+원급+as: 「어떤 ~도 ~만큼 ~한 것은 없다」

② Sue is **as** kind **as any person** in her office.
Sue는 그녀의 사무실에서 누구 못지 않게 친절해.
⇒ as+원급+as any+단수명사: 「누구 못지 않게 ~하다」

③ Sue is kind**er than any other person** in her office.
Sue는 그녀의 사무실에서 다른 어떤 사람보다 더 친절해.
⇒ -er+than+any other+단수명사 : 「다른 어떤 ~보다 더 ~하다」

④ Sue is kind**er than (all)the other people** in her office.
Sue는 그녀의 사무실에서 다른 사람들보다 더 친절해.
⇒ -er+than+(all) the other+복수명사 : 「다른 사람들보다 더 ~하다」

⑤ Sue is kind**er than anyone else** in her office.
Sue는 그녀의 사무실에서 그 밖의 어떤 사람보다도 더 친절해.
⇒ -er+than+anyone else: 「그 밖에 ~보다 더 ~하다」

⑥ **No one** in her office is kind**er than** Sue.
Sue사무실의 누구도 그녀만큼 더 친절하지는 않아.
⇒ 부정주어+ -er+than: 「어떤 ~도 ~보다 더 ~한 것은 없다」

같은 표현이 참 많기도 하죠. 기본 패턴과 원리만 이해하면 다 외우지 않아도 돼요.

5. 최상급 표현 Superlatives

최상급은 「~중에서 가장 ~한」의 뜻으로 셋 이상의 사물이나 사람을 대상으로 비교한다. 여럿 중에서 '가장 ~하다'는 표현이므로 정관사 the를 수반한다. 최상급의 기본 구조는 〈the+-est/most+in/of〉로 in 다음에는 단수명사가 오고, of 다음에는 복수명사가 온다.

He is **the most** generous man **in** our company.
그는 우리 회사에서 가장 후한 사람이야.

She is **the** tall**est** girl **of** them. 그녀는 그들 중에서 가장 키가 크다.

You are **the last** runner **of** the five. 네가 다섯 명 중에서 마지막 주자야.

You study English (**the**) hard**est in** my class.
네가 우리 반에서 영어를 가장 열심히 공부한다.

the : 부사의 최상급 앞에서 생략하는 것이 원칙이나, 강조하기 위해서 생략하지 않는 경우도 있음

6. 라틴어 비교 표현 Latin Comparisons

대개 어미가 −or로 끝나는 단어는 라틴계의 단어들인데, 이를 비교급으로 쓸 경우에는 접속사 than 대신에 전치사 to를 사용한다. 주의할 것은 to가 전치사이므로 다음에 목적격을 사용해야 한다는 것이다. 라틴계의 형용사들로는 superior(~보다 우수한), inferior(~보다 열등한), senior(~보다 손 위의), junior(~보다 나이가 적은), anterior(~보다 앞서는), posterior(~보다 늦는), major(~보다 많은), minor(~보다 적은) 등이 있다. 이러한 형용사들은 단어 자체에 비교의 의미를 내포하고 있으므로 앞에 more를 붙이지 않는다.

Your computer is far **superior to** mine. 너의 컴퓨터는 내 것보다 훨씬 우수하다.

I always felt a little **inferior to** her. 나는 항상 그녀보다 약간 열등하다고 느꼈어.

He is ten years **senior to** me.

= He is ten years older than me.

그는 나보다 열 살이 더 많아.

You are three years **junior to** me.

= You are three years younger than me.

너는 나보다 세 살이 어리다.

비 교

The First World War was **anterior to** the Korean War.

= The First World War was earlier than the Korean War.

1차 세계대전이 한국전쟁보다 먼저 일어났어.

I **prefer** tea **to** coffee.

= I like tea better than coffee.

= Tea is preferable to coffee.

나는 커피보다 차를 더 좋아해.

The historical event was **posterior to** the Second World War.

= The historical event was later than the Second World War.

그 역사적인 사건은 2차 세계대전보다 더 나중에 일어났어.

I called him **prior to** my departure.

= I called him earlier than my departure.

= I called him before my departure.

나는 출발하기 전에 그에게 전화했지.

Exercises

A. 문맥에 맞는 것을 고르시오

1. He is three years (older, elder) than me.

2. She has (twice as, as twice) many books as me.

3. I am inferior to (she, her) in English.

4. He is nicer than any other (boys, boy) in his class.

5. The (later, latter) part of the movie is the most interesting.

6. You are (x, the) happiest girl in the world.

7. He is (foolisher, more foolish) than his little brother.

8. She is two years (more junior, junior) to me.

9. He looks (older, elder) than he really is.

10. I'll tell you when I hear any (farther, further) news.

● Answers

1. older (나이를 더 먹은 비교급은 older이고, elder는 혈연관계에서의 연장자를 가리킴)
   그는 나보다 세 살 더 먹었다.
2. twice as (배수를 표현할 때에는 〈배수+as+원급+as〉로 씀)
   그녀는 내가 가진 것보다 2배나 되는 책을 가지고 있다.
3. her (to가 전치사이므로 목적격을 써야 함) 나는 영어에 있어서 그녀보다 열등하다.
4. boy (비교급+any other+단수명사) 그는 자기 반에서 그 누구보다 더 멋지다.
5. latter (원급 late이 순서를 뜻할 때 비교급은 latter임) 그 영화의 후반부가 가장 재미있다.
6. the (최상급 앞에서는 the를 써야 함) 너는 세상에서 가장 행복한 소녀이다.
7. more foolish (2음절의 어미가 –ish일 경우 more를 붙여 비교급을 만듦)
   그는 자기 동생보다 더 어리석다.
8. junior (어원이 라틴어인 junior에 more의 의미가 내포되어 있음) 그녀는 나보다 두 살 어리다.
9. older (일반적으로 나이가 더 많다고 할 때에는 older가 맞는 표현임)
   그는 실제보다 더 나이 들어 보인다.
10. further (보다 더 많이, 또는 더 추가한다는 의미가 있을 경우에는 further를 써야 함)
    보다 더 많은 소식을 듣게 되면 너에게 알려 주겠다.

B. 우리말에 맞는 문장을 고르시오.

1. 그는 세상에서 가장 행복한 사람이다.

   (   ) He is happiest man in the world.

   (   ) He is the happiest man in the world.

2. 이 컴퓨터는 저것보다 더 우수하다.

   (   ) This computer is superior to that.

   (   ) This computer is more superior than that.

3. 아침에 보다 더 빨리 일어나야 한다.

   (   ) You need to get up more early in the morning.

   (   ) You need to get up earlier in the morning.

4. Michael이 두 사람 중에서 더 현명하다.

   (   ) Michael is wiser of the two.

   (   ) Michael is the wiser of the two.

5. 나는 가능한 한 빨리 달렸다.

   (   ) I ran as fast as possible.

   (   ) I ran as fast as I can.

● Answers

1. He is the happiest man in the world. 최상급 앞에 정관사 the를 붙여야 한다.
2. This computer is superior to that.
   라틴계 비교급은 형용사 자체에 비교의 의미를 내포하고 있으며 접속사 than 대신 전치사 to를 쓴다.
3. You need to get up earlier in the morning. early의 비교급은 -y를 i로 바꾸고 -er를 붙인 earlier이다.
4. Michael is the wiser of the two. 뒤에 한정어구가 있으면 비교급 앞에 정관사 the를 붙인다.
5. I ran as fast as possible. 'I ran as fast as I could.' 처럼 조동사의 시제를 본동사와 일치시켜야 한다.

가정법 Conditionals

가정법은 있을 법하지 않은 사실을 가정하거나 그 반대를 상상하는 경우에 쓰이는데요. 현실과 반대되는 상황에 쓰이는 표현이라서 일상에서 소망이나 꿈을 얘기할 때 즐겨 쓰는 표현이에요.

A What **would** you do if you **had** 10 million won?

B Well, I **would** travel the world for a year.

A 천 만원이 있다면 뭐 할 거니?
B 음, 일년 동안 세계 여행을 할 거야.

I. 가정법 현재 Future Real Conditionals

가정법 현재는 「만일 ~한다면, ~할 것이다」의 뜻으로 현재나 미래에 대한 불확실한 상황을 가정한다.

if절	주절
if+주어+동사의 원형 또는 현재형 동사~,	주어+will/shall/can/may+동사의 원형

 가정법

If the weather **is/be** fine tomorrow, we **will** go on a field trip.

내일 날씨가 좋으면 우리는 현장 체험하러 갈 거야.

> be : 가정법이므로 원형 be를 쓰는 것이 원칙 이지만, 현대
> 영어에서는 동사의 현재형을 쓰는 것이 보통임

If the rumor **is/be** true, what **shall** we do?

만약 그 소문이 사실이면, 우리는 어쩌지?

여기서 잠깐

● if절은 모두 가정법인가요?
물론 아니죠. 그럼 영어 문법도 훨씬 더 간결하고 공부하기도 좀 더 편했겠지만요.
가정법 이외에 다음의 용법으로도 빈번하게 쓰이니 주의하세요.

1) 조건을 나타내는 부사절
   If it rains tomorrow, I will stay at home. 만일 내일 비가 오면, 집에 있을 거야.
····➤ if절에 동사의 원형 대신 현재형을 쓰면 직설법 조건문이라고 해요. 조건을 나타내는 부사절이라
   고도 하는데 반드시 동사의 현재형을 쓰고 그 의미는 미래를 나타내죠.

2) 양보를 나타내는 부사절
   If he is stupid, he is a good boy. 비록 그가 어리석기는 해도, 그는 착한 아이야.
····➤ 「비록(설사) ~라 하더라도」의 뜻으로 even if/even though와 같은 의미이죠.

3) 간접의문문의 명사절
   I wonder **if** he is coming. 그가 올지 어떨지 궁금해.
····➤ if절이 타동사 wonder의 목적어 역할을 해서 명사절을 이끄는데요. 뜻은 「~인지 어떤지」이에요.

2. 가정법 미래 Future Unreal Conditionals

가정법 미래는 미래에 대한 강한 의심이나 실현 불가능한 가정을 나타낸다. if절에 should나 were to를 사용하는데, should는 미래에 대한 강한 의심을 나타내고, were to는 미래의 실현 불가능한 일을 나타낸다.

if절	주절
if+주어+should/were to+동사의 원형 ~	주어+조동사의 현재형/과거형+동사의 원형

If that building **should** burn, the loss **would** be great.
(그럴리야 없겠지만) 만일 저 건물이 불탄다면, 손해가 엄청날 것이다.

were to : 주어가 I 라고 해서 was to라는 표현은 쓰지 않고, 가정법이므로 주어에 상관없이 항상 were to를 써야 함

If I **were to** be born again, I **would** be the best son.
(불가능한 일이지만) 만약 다시 태어난다면, 나는 최고의 아들이 될 거야.

3. 가정법 과거 Present Unreal Conditionals

가정법 과거는 있을 법하지 않은 상황을 가정하거나 현재 사실의 반대를 가정한다. if절에 동사의 과거형을 쓰므로 가정법 과거라고 하는데, 이것은 시제가 과거라는 것을 의미하는 것이 아니라 현재 사실의 반대를 말하는 현재시제를 의미한다.

if절	주절
if+주어+were/동사의 과거형 ~	주어+조동사의 과거형 (would, should, could, might)+동사의 원형

were : 주어가 I 또는 he/she/it 등의 3인칭 단수라 해도 be동사의 과거형으로 항상 were를 써야 함

If I **were** you, I **would**n't accept his offer.
만약 내가 너라면, 나는 그의 제안을 받아들이지 않을 거야.

If she had more time, she could do it better.
그녀에게 시간이 좀 더 있으면, 그 일을 더 잘 할 수 있을 거야.

여기서 잠깐

- 가정법 과거에서 시제는 과거가 아니라 현재라고 했는데 현재 시제의 문장으로 바꿀 수 있나요?

  네, 가정법 과거는 직설법 현재의 구문으로 전환할 수 있어요.

  If I were rich, I **could** buy that yacht.
  만약 내가 부자라면, 그 요트를 살 수 있을 텐데.

  ⋯→ **As I am not** rich, I **can't** buy that yacht.
  나는 부자가 아니기 때문에, 그 요트를 살 수 없어.

  If I knew her number, I **could** call her.
  만약 내가 그녀의 전화 번호를 안다면, 그녀에게 전화할 텐데.

  ⋯→ **As I don't** know her number, I **can't** call her.
  나는 그녀의 전화 번호를 모르기 때문에, 그녀에게 전화할 수 없어.

  가정법은 현재 사실과 반대이므로, 직설법으로 전환 할 때에 문장이 긍정이면 부정으로, 부정이면 긍정으로 바꿔야 해요.

4. 가정법 과거완료 Past Unreal Conditionals

가정법 과거완료는 과거 사실에 반대되는 일을 가정한다. 가정법 과거의 시제가 현재였듯이, 가정법 과거완료의 시제는 과거완료가 아니라 과거시제이다.

if절	주절
if+주어+had+과거분사 ~	주어+조동사의 과거형 (would, should, could, might)+have+과거분사

If I **had been** hungry, I **would have eaten** all of them.

만약 내가 배고팠다면, 그걸 모두 다 먹었을 텐데.

→ As I wasn't hungry, I didn't eat all of them.

나는 배가 고프지 않았기 때문에, 그걸 모두 다 먹지 않았어.

If I **had had** a camera, I **would have taken** some pictures.

만약 나에게 카메라가 있었다면, 나는 사진을 찍었을 텐데.

→ As I didn't have a camera, I didn't take some pictures.

나는 카메라 없었기 때문에, 사진을 찍지 못했어.

If they **had left** me alone, I **could have stayed** in the study.

만약 그들이 나 혼자 있게 했다면, 나는 서재에 있을 수 있었을 텐데.

→ As they didn't leave me alone, I couldn't stay in the study.

그들이 나 혼자 있게 하지 않았기 때문에, 나는 서재에 있을 수가 없었다.

가정법 과거완료는 직설법 과거시제로 바꾸면서
문장의 종류를 반대로 고쳐야 함

여기서 잠깐

• 「should have pp.」는 과거의 사실에 대해 후회나 유감을 나타낼 때 쓰는 표현으로 「~
했어야 했는데 하지 않아서 후회된다/유감스럽다」의 뜻이고요. 「must have pp.」는 과
거의 어떤 일에 대해 확신을 갖고 강한 추측을 할 때 쓰는 표현으로 「~이었음에 틀림이
없다」의 뜻이에요.

You should have finished it by now.

지금쯤이면 끝냈어야 할 텐데. (그런데 아직도 안 끝냈군)

She must have known that I was innocent.

내가 죄가 없다는 것을 그녀는 알고 있었음에 틀림없어.

5. 혼합 가정법 Mixed Conditionals

혼합 가정법은 if절의 시제가 주절의 시제보다 앞서는 것을 말한다. if절에는 가정법 과거완료가 오고 주절에는 가정법 과거가 와서 과거와 현재의 시제가 혼합된 경우이다. if절은 과거의 사실에 반대되는 가정을 하고 주절은 현재 사실에 반대되는 가정을 한다.

가정법

if절	주절
if+주어+had+과거분사 ~	주어+조동사의 과거형 (would, should, could, might)+동사의 원형

If he had not died, he would be sixty now.
만약 그가 죽지 않았다면, 그는 지금 60살이 되어 있을 텐데.

If you had gone to the party last night, you would be late for work this morning.
만약 네가 어제 밤에 파티에 갔었다면, 오늘 아침 지각했을 텐데.

If she had married to him then, she should be happier now.
만약 그녀가 그때 그와 결혼했었다면, 지금쯤 그녀는 더 행복할 텐데.

If I had been born in USA, I wouldn't study English like this.
만약 내가 미국에서 태어났더라면, 이처럼 영어를 공부하지 않을 텐데.

 ## 6. I wish + 가정법

I wish 다음에는 가정법 과거와 과거완료가 온다. 가정법 과거는 현재나 미래에 이룰 수 없는 소망을 나타내며, 가정법 과거완료는 과거에 이루지 못한 소망을 나타낸다.

● I wish+가정법 과거
「~한다면 좋을 텐데」의 뜻으로 현재 사실과 반대되는 바를 소원한다.

I wish I were tall.   내가 키가 크다면 좋을 텐데. (크지 않아서 유감이다)

(I wish + 가정법)이므로 was가 아니라 were를 써야 함

I wish I had a girlfriend.   여자친구가 있으면 좋을 텐데. (없어서 유감이다)

● I wish+가정법 과거완료

「~하였다면 좋았을 텐데」의 뜻으로 과거 사실과 반대되는 바를 소원한다.

I wish I had been rich.

내가 부자였더라면 좋을 텐데. (과거에 내가 부자가 아니어서 지금 유감이다)

I wished I had been rich.

내가 부자였더라면 좋았을 텐데. (과거에 내가 부자가 아니어서 그때 유감스러웠다)

여기서 잠깐

● I wish+가정법을 직설법 표현으로 바꾸면 어떻게 변하나요?

이루지 못한 소망을 나타내므로 직설법으로 바꿀 때에는 I am sorry로 시작하고, 문장을 반대로 바꿔야 해요.

I wish I **were** rich.

내가 부자라면 좋을 텐데.

···▸ I am sorry (that) I **am not** rich.

내가 부자가 아니라서 유감이다.

I wish I **had passed** the driving test.

내가 운전 면허 시험에 합격했으면 좋았을 텐데.

···▸ I am sorry (that) I **didn't pass** the driving test.

내가 운전 면허 시험에 합격하지 못해서 유감이다.

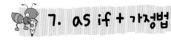

7. as if + 가정법

I wish와 마찬가지로 as if도 다음에 가정법 과거와 가정법 과거완료가 온다.

● as if+가정법 과거

「마치~인 것처럼」의 뜻으로 현재 사실에 반대되는 바를 가정한다.

He acts **as if** he **were** a doctor. 그는 마치 자신이 의사인 것처럼 행동해.

She speaks **as if** she **met** the famous actor.

그녀는 마치 자신이 그 유명한 배우를 만난 것처럼 말해.

● as if+가정법 과거완료

「마치~였던 것처럼」의 뜻으로 과거 사실에 반대되는 바를 가정한다.

He talks **as if** he **had been** to Russia.

그는 마치 자신이 러시아에 가 봤던 것처럼 얘기해.

He talked **as if** he **had read** the science book.

그는 마치 자신이 그 과학 책을 읽었던 것처럼 얘기했어.

read - read - read의 동사 변화를 보임.
단 발음은 [riːd]-[red]-[red]로 달라지니 주의할 것

• as if+가정법도 I wish+가정법처럼 직설법 표현으로 바꿀 수 있나요?

네, In fact을 이용해서 바꿀 수가 있어요. as if가 가정법이므로 직설법 전환시에 문장을 반대로 바꾸고 시제에 주의해야 해요.

> He looks as if he **were** ill.   그는 아픈 것처럼 보인다.
>
> ⋯▸ In fact, he **isn't** ill.   사실, 그는 아프지 않다.

> She seemed as if she **had seen** a ghost.
> 그녀는 마치 귀신이라도 보았던 것처럼 보였다.
>
> ⋯▸ In fact, she **didn't see** a ghost.
> 사실, 그녀는 귀신을 보지 않았다.

• as if+가정법은 as though+가정법으로 바꾸어 쓸 수가 있어요.

> He speaks **as if** he were English.
> = He speaks **as though** he were English.
> 그는 자신이 영국인 것처럼 말한다.

> It seemed **as if** he wanted us to leave.
> = It seemed **as though** he wanted us to leave.
> 그는 마치 우리가 가기를 원하는 것처럼 보였다.

> It sounds **as if** you were shocked.
> = It sounds **as though** you were shocked.
> = It sounds **like** you are shocked.
> 네가 충격을 받은 것처럼 들린다.

구어체에서는 sound나 look 다음에 like를 쓰는 표현을 더 흔히 볼 수 있어요. 하지만 as if와 as though 다음에 가정법이 오는 것과는 달리 like 다음에는 직설법이 와요.

8. 가정법 if의 대용 표현

if가 보이지 않는데 가정법의 의미를 지닌 표현들을 가정법의 대용표현, 혹은 관용적인 표현이라고 한다.

● It is time+가정법

「~해야 할 시간이다」의 뜻으로 가정법을 쓰는 표현이다.

> **It's time** (that) you **knew** the fact.
>
> **It's high time** you **knew** the fact.
>
> **It's about time** you **knew** the fact.
>> 너도 사실을 알아야 할 때이다.

● without/but for+가정법

without과 but for가 if절을 대신하여 「~이 없다면, ~이 없었다면」의 뜻으로 쓰인다. without과 but for 다음에는 가정법 과거와 가정법 과거완료가 온다. 가정법 과거로 쓰인 경우에는 「If it were not for~」로 바꾸어 쓸 수 있고, 가정법 과거완료로 쓰인 경우에는 「If it had not been for~」로 바꾸어 쓸 수 있다.

> **Without / But for** water, no living things **could** live.
>
> = **If it were not for** water, no living things **could** live.
>> 물이 없다면, 그 어떤 생물도 살 수가 없을 텐데.

> *without과 but for를 가정법 구문으로 전환시에 주절의 시제에 따라야 함*

> **Without / But for** your advice, I **would have failed**.
>
> = **If it had not been for** your advice, I **would have failed**.
>> 너의 충고가 없었더라면 나는 실패했을 텐데.

● 가정법에서 if를 생략할 수도 있어요.

if를 생략하면 주어와 (조)동사의 위치가 바뀌게 되지요.

If I were rich, I could buy the car.

⋯▸ **Were I** rich, I could buy the car.
만약 내가 부자라면, 그 차를 살 수 있을 텐데.

If It were not for the sun, nothing could live.

⋯▸ **Were it** not for the sun, nothing could live.
만약 태양이 없다면, 아무것도 살 수 없을 텐데.

● with+가정법

With your help, my life would be much easier.

= If I had your help, my life would be much easier.
당신의 도움을 받으면, 제 삶은 훨씬 더 수월해질 텐데요.

With your advice, I wouldn't have accepted his offer.

= If I had had your advice, I wouldn't have accepted his offer.
너의 충고가 있었다면, 나는 그의 제안을 받아들이지 않았을 텐데.

● to 부정사의 대용

I should be very glad **to see** you again.

= I should be very glad if I see you again.
당신을 다시 뵙게 된다면 매우 기쁘겠습니다.

To hear her sing, you would think her a famous singer.

= If you heard her sing, you would think her a famous singer.
그녀가 노래하는 소리를 들으면, 너는 그녀가 유명한 가수라고 생각할 텐데.

● 명사의 대용

A gentleman would not do such a thing.

= If he were a gentleman, he would not do such a thing.
  만약 그가 신사라면, 그러한 짓은 하지 않을 거야.

A true friend would not betray you.

= If he were a true friend, he would not betray you.
  만약 그가 진정한 친구라면, 너를 배신하지 않을 거야.

Exercises

A. 문맥에 맞는 것을 고르시오

1. If I (was, were) you, I wouldn't go there.

2. I wish my sister (was, were) here with me.

3. If I knew her address, I (would, will) write her.

4. If it (stops, stopped) raining, we could go out.

5. What would you do if you (are, were) lost in the forest?

6. If he (studied, had studied) hard, he could have passed the exam.

7. (Will, Would) you go abroad if you had money?

8. Had it not been for your help, I (would fail, would have failed).

9. She speaks as if she (is, were) French.

10. If you had not saved my life, I (would be dead, would have been dead) now.

● Answers

1. were: 가정법 과거로 be 동사는 were를 사용해야 함. 내가 너라면, 나는 거기에 가지 않을 텐데.
2. were: I wish 다음에는 가정법이 와야 하므로 were가 와야 함.
   우리 언니가 여기에 나와 함께 있으면 좋으련만.
3. would: 가정법 과거 시제이므로 주절에서 조동사의 과거가 와야 함. 만약 내가 그녀의 주소를 안다면,
   그녀에게 편지를 쓸 텐데.
4. stopped: 주절의 시제가 과거이므로 if절도 동사의 과거형이 와야 함. 만일 비가 멈추면, 우리는 외출
   할 수 있을 텐데.
5. were: 가정법 과거로 be동사 과거 시제를 써야 함. 만약 숲에서 길을 잃어 버리면, 어떻게 하겠니?
6. had studied: 주절의 시제가 가정법 과거완료이므로 if절은 had+pp.임 만약 그가 열심히 공부했다
   면, 시험에 합격할 수 있었을 텐데.
7. Would: 가정법 과거이므로 주절에서 조동사 과거가 와야 함. 만약 너에게 돈이 있으면, 해외로 가겠니?
8. would have failed: 가정법 과거완료의 구문이므로 주절도 과거완료 시제이어야 함. 만약 너의 도움
   이 없었더라면, 나는 실패했을 텐데.
9. were: as if 다음에는 가정법이 와야 함. 그녀는 마치 자신이 프랑스사람인 것처럼 말한다.
10. would be dead: 혼합 가정법으로 if절은 가정법 과거완료의 시제를 쓰고, 주절은 가정법 과거의 시제
    를 써야 함. 만약 네가 나의 목숨을 구해주지 않았다면, 나는 지금 죽어있을 텐데.

B. 두 문장 중 올바른 것을 고르시오.

1. (　　) I wish I was a dancer.

   (　　) I wish I were a dancer.

2. (　　) He talks as if he knew everything.

   (　　) He talks as if he knows everything.

3. (　　) If it had not been for his advice, you would have some problems.

   (　　) If it were not for his advice, you would have some problems.

4. (　　) If the moon were disappear, what would happen to the world?

   (　　) If the moon were to disappear, what would happen to the world?

5. (　　) Should it rain tomorrow, I would stay at home.

   (　　) Should if it rain tomorrow, I would stay at home.

- -

● Answers

1. I wish I were a dancer. (I wish+가정법 과거) 내가 댄서라면 좋으련만.

2. He talks as if he knew everything. (as if+가정법 과거) 그는 마치 모든 것을 다 아는 것처럼 말한다.

3. If it were not for his advice, you would have some problems. (If it were not for-가정법 과거)
   그의 충고가 없다면, 너는 몇 가지 문제점을 지니게 될 텐데.

4. If the moon were to disappear, what would happen to the world? (가정법 미래-미래의 실현 불가
   능한 것) 만약 달이 사라지면, 세상은 어떻게 될까?

5. Should it rain tomorrow, I would stay at home. (if가 생략되면 조동사와 주어가 도치됨)
   만약 내일 비가 오면, 나는 집에 있을 거야.

chapter 17 화법 Speech

화법이란 다른 사람이 한 말을 전달하는 방식을 말하는 것이에요.
어떤 사람이 한 말을 그대로 인용부호를 사용하여 전달하는 방식을 직접화법이라고 하고, 다른
사람이 한 말을 자신의 말로 고쳐서 그 의미나 내용을 전달하는 방식을 간접화법이라고 해요.

A Michael said to me, **'Will you go to the movies tomorrow?'**

직접화법

B Really? So what did you say to him?

A **I told him that I would be busy.**

간접화법

B What? You always said to me, **'I think I like him so much.'**

직접화법

A Michael이 나에게 '내일 영화 보러 갈래?' 라고 말했어.
B 정말? 그래서 너는 뭐라고 그랬는데?
A 바쁠 거라고 했지.
B 뭐? 너 맨날 '걔가 너무 좋아' 라고 말했잖아.

다음 두 문장을 비교해 보기로 하죠.

① He said, 'I live in Paris.' 그가 "나는 파리에 살아"라고 말했어. **직접화법**

② He said that he lived in Paris. 그는 자기가 파리에 산다고 말했어. **간접화법**

①은 직접화법으로 어떤 사람이 한 말을 인용부호를 사용하여 그대로 직접적으로 전달한 방식이고, ②는 어떤 사람이 한 말의 취지를 자신의 말로 고쳐 간접적으로 전달한 방식이에요. 이 때 다른 사람의 말을 전달하는 동사 said를 전달동사라 하고 이 전달동사가 들어있는 문장을 전달문이라고 해요. 또한 인용부호 안에서 직접적으로 전달하는 문장을 피전달문이라고 해요.

He said, 'I live in Paris.'

He Said : 전달문   'I live in Paris.' : 피전달문

Ⅰ. 화법의 전환

직접화법과 간접화법은 서로 전환이 가능하다. 직접화법의 인용부호에 있던 피전달문을 전달동사의 목적어로 만들어 주면 화법이 바뀌어 간접화법이 되는데, 이 때 주의해야 할 몇 가지 원칙이 있다.

- 간접화법의 주절의 동사는 대개 과거의 시제이다.
- 피전달의 현재시제는 간접화법에서 주로 과거시제로 바뀐다.
- 주절과 종속절의 시제를 일치시킨다.
- 주절과 종속절을 연결하는 접속사 that은 생략이 가능하다.
- 피전달문의 인칭과 부사의 변화에 주의한다.
- 지시대명사와 부사를 상황에 맞게 바꾼다.

위 원칙에 준해서 직접화법을 간접화법으로 전환해 보자.

My boss said to me, "You are a genius."
사장님이 '당신은 천재야'라고 말했지.

⇒ My boss told me (that) I was a genius.
사장님이 나는 천재라고 말했어.

● 화법에서 지시대명사와 부사가 어떻게 변하죠?

전달동사가 과거인 직접화법을 간접화법으로 전환할 때에 지시명사와 부사가 변화를 보이는데요. 직접화법에 쓰인 지시대명사나 부사는 문장을 전달하는 입장에 적절히 맞추어서 바꾸어야 해요.

> He said, 'I met **this** boy 3 years **ago**.' ago ⇒ before
> 그가 '나는 이 아이를 3년 전에 만났어' 라고 말했다.
> ⇒ He said that he met **that** boy 3 years **before**.
> 그는 자신이 그 아이를 3년 전에 만났다고 말했어.

위 문장에서 지시대명사 this 는 간접화법에서 that으로 바뀌었죠.

> She said to me, 'I'll call you **tomorrow**.' tomorrow ⇒ the next day
> 그녀가 '내일 너에게 전화할게' 라고 말했어.
> ⇒ She told me that she would call me **the next day**.
> 그녀는 자신이 그 다음 날 나에게 전화하겠다고 말했어.

다음 표는 직접화법에서 간접화법으로 전환 할 때에 변화를 보이는 부사와 지시대명사예요.

직접화법	간접화법
here	there
now	then
this	that
these	those
today	that day
tonight	that night
last night	the night before/the previous night
tomorrow	the next day/the following day
yesterday	the day before/the previous day
next week	the next week/the following week

2. 평서문의 전환

① 전달동사를 바꾼다. (said는 said로, said to는 told로)
② 콤마와 인용부호를 없애고 피전달문을 접속사 that절로 바꾼다.
③ 주절과 종속절의 시제를 일치시킨다.
④ 주절의 주어에 맞게 피전달문의 인칭대명사를 바꾼다.
⑤ 지시대명사와 부사를 상황에 맞게 바꾼다.

화법

이제 실제로 평서문의 직접화법을 간접화법으로 바꾸어 보자.

피전달문의 주어 I는 전달문의 주어와 일치시킴

She said, 'I'm thirsty.'

⇒ She said that she was thirsty.

그녀는 목마르다고 말했어.

Said to는 told로 바꾸고
피전달문의 주어 You는 전달문의 목적어와 일치시킴

They **said to** me, '**You** are cool.'

⇒ They told me that I was cool.

그들은 나에게 멋지다고 말했어.

He said, 'She is my first love.'

피전달문의 3인칭은 변화없이 그대로 씀

⇒ He **said** that she **was** his first love.

그는 '그녀가 나의 첫사랑이야.' 라고 말했어.

주절의 동사가 과거이므로 종속절도 과거로 일치시킴

● **주절의 시제가 과거라면 종속절의 시제도 항상 과거시제를 써야 하나요?**

아뇨. 꼭 그렇지는 않아요. 화법을 전환할 때에 시제를 일치시키는 것이 원칙이지만 예외적인 경우도 있어요. 가령 현재의 습관적인 동작, 불변의 진리, 속담, 역사적인 사실 등을 전달할 경우에는 시제 일치를 일치시키지 않죠.

> He said, 'I go to church on Sundays.'   현재의 습관적인 동작
> ⇒ He **said** that he **goes** to church on Sundays.   (O)
> ⇒ He said that he went to church on Sundays.   (X)
>   그는 일요일마다 교회에 간다고 말했어.
>
> She said, 'Hunger is the best sauce.'   속담
> ⇒ She **said** that hunger **is** the best sauce.   (O)
> ⇒ She said that hunger was the best sauce.   (X)
>   시장이 반찬이라고 그녀가 말했지.
>
> He said to us, 'Korean War broke out in 1950.'   역사적인 사실
> ⇒ He **told** us that Korean War **broke** out in 1950.   (O)
> ⇒ He told us that Korean War had broken out in 1950.   (X)
>   그는 우리들에게 한국전쟁이 1950년에 발발했다고 말했어.

주절에서 말하고 있는 시점보다 한국전쟁이 먼저 일어난 사건이지만 과거완료를 쓰지 않아요. 시제를 일치시키지 않는 이유는 종속절의 내용이 역사적인 사실을 언급하고 있어서 항상 과거시제를 써야하기 때문이에요.

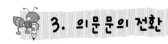

3. 의문문의 전환

직접화법의 의문문을 간접화법으로 전환하면 간접의문문으로 명사절이 된다. 의문문의 직접화법을 간접화법으로 전환하는 방법은 다음과 같다.

① 전달동사 said to는 asked로 바꾼다.
② 의문사가 있으면 의문사를 그대로 쓰고 다음에 〈주어+동사〉의 어순으로 바꾼다.
③ 의문사가 없으면 접속사 if/whether를 쓴다.
④ 의문부호를 마침표로 바꾼다.

화법

● 의문사가 있는 경우

He said to me, 'Where are you from?' 그는 나에게 '어디 출신이니?' 라고 말했어.

⇒ He asked me **where I was** from. 그가 나에게 어디 출신인지 물었어.

She said to me, 'What is your favorite book?'
그녀가 나에게 '네가 가장 좋아하는 책은 무엇이니?' 라고 말했어.

⇒ She asked me **what** my favorite book was.
그녀가 나에게 가장 좋아하는 책이 무엇이냐고 물었어.

● 의문사가 없는 경우

He said to me, 'Are you good at cooking?'
그가 나에게 '요리를 잘 하니?' 라고 말했어.

⇒ He asked me **if/whether I was** good at cooking.
그가 나에게 요리를 잘하는지 어떤지를 물었어.

Did : 피전달문의 동사가 과거일 경우 시제에 주의해야 함. 주절 보
다 먼저 일어난 일이므로 종속절의 시제는 과거완료로 바꿈

We said to her, '**Did** you watch the movie?'
우리가 그녀에게 '그 영화를 보았니?' 라고 말했어.

⇒ We **asked** her if/whether she **had watched** the movie.
우리가 그녀에게 그 영화를 보았는지 아닌지를 물었어.

4. 명령문의 전환

명령문의 직접화법을 간접화법으로 전환하는 방법은 다음과 같다.

① 전달동사 say to를 피전달문의 내용에 맞게 바꾼다. 일반적인 명령일 경우에는 tell로, 상관의 명령일 경우에는 order, command로, 충고할 경우에는 advise로, 부탁이나 의뢰할 경우에는 ask로, 제안할 경우에는 propose, suggest로 바꾼다.
② 동사원형으로 시작하는 명령문을 〈to+동사의 원형〉으로 바꾼다.
③ 부정명령문일 경우에는 〈not to+동사의 원형〉으로 바꾼다.

She said to me, 'Lock the door.' 그녀가 나에게 '문을 잠가' 라고 말했어. 일반적인 명령

⇒ She **told** me **to lock** the door.   그녀가 나에게 문을 잠그라고 말했어.

My boss said to me, 'Complete the report as soon as possible.' 상관의 명령
상사가 나에게 '가능한 한 빨리 보고서를 끝내게' 라고 말했어.

⇒ My boss **ordered** me **to complete** the report as soon as possible.
상사가 나에게 가능한 한 빨리 보고서를 끝내라고 명령했어.

The doctor said to me, 'Don't drink too much.'   의사의 충고
의사가 나에게 '과음하지 마세요' 라고 말했어.

⇒ The doctor **advised** me **not to drink** too much.
의사가 나에게 과음하지 말라고 충고했어.

She said to me, 'Please, close the window.'   부탁, 의뢰
그녀가 나에게 '제발 창문 좀 닫아 주세요' 라고 말했어.

⇒ She **asked** me **to close** the window.
그녀가 나에게 창문을 닫아 달라고 부탁했어.

They said to me, 'Let's go to the park.'   제안
그들이 나에게 '공원에 가자' 라고 말했어.

⇒ They suggested to me **that** we (should) go to the park.

⇒ They **suggested** to me **to go** to the park.
그들이 나에게 공원에 가자고 제안했어.

전달동사가 제안을 나타내는 동사일 경우 that절에서는
〈should + 동사의 원형〉을 써야 하고, should는 생략이 가능함

5. 감탄문의 전환

감탄문의 직접화법을 간접화법으로 바꿀 때에는 감탄문을 그대로 사용하여 바꾸거나, 부사 very를 사용하여 평서문으로 바꿀 수 있다.

① 전달동사 say는 cry out, shout, exclaim 등으로 바꾼다.
② 피전달문이 기쁜 내용이거나, Hurrah, Bravo등의 감탄사가 있을 경우에는 with delight(기뻐하며), with joy(기뻐서), with pleasure(즐거이) 등의 부사구를 전달동사 다음에 붙인다.
③ 피전달문이 슬픈 내용이거나, Alas(슬프도다) 등의 감탄사가 있을 경우에는 with a sigh(탄식하며), in sorrow(슬프게), with regret(후회스럽게도) 등의 부사구를 전달동사 다음에 붙인다.

화법

> She said, 'What a sad story it is!' 그녀는 '참으로 슬픈 이야기구나!' 라고 말했어.
>
> ⇒ She exclaimed **what** a sad story it was. 그녀는 참으로 슬픈 이야기라고 외쳤어.
>
> ⇒ She exclaimed **that** it was a **very** sad story.
> 그녀는 그것은 매우 슬픈 이야기라고 외쳤어.

> He said, 'Hurrah! I **won** the game.' 그는 '만세! 내가 게임을 이겼어' 라고 말했어.
>
> ⇒ He cried out **with delight** that he **had won** the game.
> 그는 자기가 게임을 이겼다고 기뻐서 소리 질렀어.

> won : 피전달문의 동사가 과거이므로 간접화법의 종속절의 시제는 과거완료이어야 함

> She said, "Oh, how poor he is!" 그녀가 '오, 그는 얼마나 가련한가!' 라고 말했어.
>
> ⇒ She cried out **with a sigh** how poor he was.
> 그녀는 그가 얼마나 가련한가라고 슬프게 외쳤어.
>
> ⇒ She cried out **in sorrow** that he was very poor.
> 그녀는 그가 매우 불쌍하다고 슬프게 외쳤어.

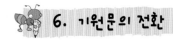

6. 기원문의 전환

기원문의 직접화법을 간접화법으로 전환할 경우, 기원문의 내용에 따라서 두 가지 방식으로 바꿀 수 있다. 기원문에 God이 있을 경우와 사람에 대한 소망을 나타내는 경우가 그것으로, 기원문에 God이 있을 경우에는 〈pray that God may~ : 신이 ~해 주기를 기도하다〉로 바꾸고, 사람에 대한 소망을 나타낼 경우에는 〈express one's wish that ~ may ~ : ~라는 자신의 소원을 표현하다〉로 바꾼다.

They said, 'God bless her!' 그들이 '신이 그녀를 축복하기를!' 이라고 말했어.

⇒ They **prayed that God might** bless her.
　　그들은 신이 그녀를 축복해 주기를 기도했어.

She said, 'God save my life!' 그녀는 '신이 나의 삶을 구원해주기를!' 이라고 말했어.

⇒ She **prayed that God might** save her life.
　　그녀는 신이 그녀의 삶을 구원해주기를 기도했어.

He said, 'May you be happy!' 그는 '당신이 행복하기를!' 이라고 말했어.

⇒ He **expressed his wish that I might** be happy.
　　그는 내가 행복해졌으면 하는 소원을 표현했어.

He said to me, 'May you succeed!' 그는 나에게 '부디 성공하세요!' 라고 말했어.

⇒ He **expressed his wish that I might** succeed.
　　그는 내가 성공했으면 하는 자기 소원을 표현하였어.

다음은 직접화법의 다양한 표현을 간접화법으로 전환한 예문들이다. 인칭, 시제, 부사의 변화에 주의하여 살펴보기로 한다.

He said, "I live in Singapore."

⇒ He said he lived in Singapore.
　　그는 자기가 싱가포르에 산다고 말했어.

He said, "I am cooking dinner."

⇒ He said he was cooking dinner.
　　그는 자기가 저녁을 만들고 있다고 말했어.

He said, "I have visited London twice."

⇒ He said he had visited London twice.

그는 자기가 런던을 두 번 방문했다고 말했어.

He said, "I went to New York last week."

⇒ He said he had gone to New York the week before.

그는 자기가 그 전 주에 뉴욕을 갔었다고 말했어.

화 법

He said, "I have already eaten."

⇒ He said he had already eaten.

그는 자기가 이미 식사를 했다고 말했어.

He said, "I am going to find a new job."

⇒ He said he was going to find a new job.

그는 자기가 새 직업을 구할 거라고 말했어.

He said, "I will give Jack a call."

⇒ He said he would give Jack a call.

그는 자기가 Jack에게 전화를 할 거라고 말했어.

He said, 'I want to visit my friends this weekend.'

⇒ He said he wanted to visit his friends that weekend.

그는 자기가 그 주에 자기 친구들을 방문하고 싶었다고 말했어.

He said, 'I'm studying English a lot at the moment.'

⇒ He said he was studying English a lot at that moment.

그는 그 순간에 영어를 많이 공부하고 있다고 말했어.

They said, 'We've lived here for a long time.'

⇒ They said they had lived there for a long time.

그들은 그곳에서 오랫동안 살아 왔다고 말했어.

He asked me, 'Have you finished reading the newspaper?'

⇒ He asked me if I had finished reading the newspaper.

그는 내가 신문을 다 읽었는지를 물었어.

Exercises

A. 문맥에 맞는 것을 고르시오

1. He told me (not to, to not) play the guitar.

2. She exclaimed (what, that) it was a very funny story.

3. He asked us (if, that) we had been at the party.

4. She said (this, that) girl was kind.

5. I asked them which (is, was) the way to the station.

6. She expressed her wish that she (may, might) have a happy life.

7. The doctor (advised, commanded) me not to smoke too much.

8. He told me that he had been there (last month, the month before).

9. She exclaimed what a kind man (he was, was he).

10. He asked me (open, to open) the window.

● Answers

1. not to (to 부정사 앞에 부정어를 붙여야 함) 그는 나에게 기타를 치지 말라고 말했다.
2. that (감탄문의 간접화법으로 very가 있는 것으로 보아 평서문이므로 접속사 that이 정답임)
   그것은 정말 우스운 얘기라며 그녀가 외쳤다.
3. if (전달동사가 asked로 의문사가 없는 의문문의 직접화법을 간접화법으로 전환한 문장이므로 접속사
   는 if이어야 함) 그는 우리가 그 파티에 있었느냐고 물었다.
4. that (지시형용사로 직접화법에서의 this가 간접화법에서 that으로 변함)
   그녀는 그 여자 애가 친절하다고 말했다.
5. was (주절이 과거이므로 종속절도 과거시제를 써야 함) 나는 그들에게 역 가는 길이 어느 쪽인지 물었다.
6. might (기원문의 간접화법으로 주절이 과거이므로 종속절도 과거시제를 써야 함)
   그녀는 자신이 행복하게 살았으면 하는 소원을 표현하였다.
7. advised (문장의 내용상 의사가 충고한다는 표현이 자연스러우므로 전달동사는 advised가 맞고,
   command는 상사나 상관의 명령에 대한 전달동사로 쓰임)
   의사가 나에게 지나치게 흡연하지 말라고 충고했다.
8. the month before (last month는 직접화법에 쓰이는 부사구이고 간접화법에서는 the month
   before로 변함) 그는 그 전 달에 거기에 가 봤다고 말했다.
9. he was (감탄문의 간접화법으로 평서문의 구조를 취해야 하므로 〈주어+동사〉를 도치하면 안 됨)
   그녀는 그가 얼마나 친절한 사람인가라고 외쳤다.
10. to open (명령문의 간접화법으로 명령문의 동사원형은 간접화법으로 전환 시 to를 붙여 〈동사+목적어
    +to부정사〉의 구조를 취함) 그가 나에게 창문을 열어 달라고 부탁했다.

B. 직접화법을 간접화법으로 바르게 전환한 것을 고르시오.

1. They said to me, 'Don't go out at night.'

   ⇒ They told me (not go, not to go) out at night.

2. He said to me, 'You look pale.'

   ⇒He told me that (I, you) looked pale.

3. He said, 'I'll be free tomorrow.'

   ⇒ He said that he would be free (tomorrow, the next day).

4. My parents said, 'Hurrah! You passed the exam!'

   ⇒ My parents exclaimed with delight that I (passed, had passed) the exam.

5. She said, 'Let's visit him.'

   ⇒ She proposed that we (visited, should visit) him.

● Answers

1. not to go (명령문의 동사원형은 간접화법에서 〈to+동사의 원형〉으로 바뀜)
   그들은 나에게 밤에 외출하지 말라고 말했다.
2. I (피전달문의 you는 간접화법에서 목적어와 일치시킴) 그는 나에게 창백해 보인다고 말했다.
3. the next day. (피전달문의 tomorrow는 간접화법에서 the next day로 고쳐야 함)
   그는 그 다음날 시간이 있을 것이라고 말했다.
4. had passed (전달동사가 과거이고 피전달문의 동사도 과거일 경우 과거완료로 바뀜)
   우리 부모님은 내가 시험에 합격했던 것을 기뻐하며 소리쳤다.
5. should visit (주절에 전달동사가 제안일 경우에는 종속절은 should+동사의 원형이 와야 함)
   그녀는 우리가 그를 방문하자고 제안했다.

영어회화로 시작하는
포인트 영문법

초판 1쇄 인쇄 2007년 4월 2일
개정 2쇄 발행 2008년 3월 20일

지은이 | 김복리
펴낸이 | 양봉숙
편 집 | 김나경
디자인 | viewmark™
마케팅 | 이주철

펴낸곳 | 예스북
출판등록 | 2005년 3월 21일 제320-2005-25호
주소 | 서울시 마포구 394-25 동양한강트레벨 218호
전화 | (02) 337-3053
팩스 | (02) 337-3054
E-mail | yesbooks@naver.com
홈페이지 | www.e-yesbook.co.kr

ISBN 978-89-92197-27-4 93740

*잘못된 책은 바꾸어 드립니다.